国家图书馆文津出版基金资助项目

国家图书馆业务规范

毛雅君　　主编

國家圖書館 出版社
National Library of China Publishing House

图书在版编目(CIP)数据

国家图书馆业务规范/毛雅君主编. —北京:国家图书馆出版社,
2017. 6(2020. 10 重印)
ISBN 978 - 7 - 5013 - 6105 - 2

Ⅰ.①国… Ⅱ.①毛… Ⅲ.①国家图书馆—图书馆业务—规范
Ⅳ.①G251 - 65

中国版本图书馆 CIP 数据核字(2017)第 099379 号

书　　名　国家图书馆业务规范
著　　者　毛雅君　主编
责任编辑　唐　澈
封面设计　耕者设计工作室

出版发行　国家图书馆出版社(北京市西城区文津街 7 号　100034)
　　　　　(原书目文献出版社　北京图书馆出版社)
　　　　　010 - 66114536　63802249　nlcpress@ nlc. cn(邮购)
网　　址　http://www.nlcpress.com
排　　版　京荷(北京)科技有限公司
印　　装　河北鲁汇荣彩印刷有限公司
版次印次　2017 年 6 月第 1 版　2020 年 10 月第 3 次印刷

开　　本　880 × 1230(毫米)　1/32
印　　张　6. 625
字　　数　175 千字
书　　号　ISBN 978 - 7 - 5013 - 6105 - 2
定　　价　38. 00 元

前　　言

　　业务工作规范是对业务工作的操作内容、组织规则和质量控制的规范化要求，是履行业务职能的具体操作规范和实施标准。图书馆业务工作规范是图书馆业务建设的基础，是图书馆业务与服务质量的保证，对推进图书馆业务工作的制度化、规范化和程序化具有重要作用。因此，在图书馆业务建设中，应坚持规范先行的原则。

　　《国家图书馆业务规范》围绕图书馆采、编、阅、藏、参的全业务流程，按工作性质和工作流程分别编写，包括文献采选工作、文献编目工作、读者服务工作、文献库房管理工作、参考咨询工作、数字资源建设工作、文献缩微复制工作、信息化工作、文献保护与修复工作，以及其他工作共十个部分。特别针对当前信息化高速发展、数字图书馆建设蓬勃开展的图书馆业务发展新特点，制定了数字资源建设、电子出版物采选等业务工作规范，覆盖当前图书馆几乎所有业务工作范畴。

　　《国家图书馆业务规范》既是对以往业务工作经验的提炼和固化，又为后续工作稳定发展和持续提升创造了条件。国家图书馆历来重视业务规范化建设和业务规范的制（修）订工作。近年来，图书馆业务工作的深度和广度不断扩展，工作形式不断创新，在馆领导的领导和支持下，业务管理处组织全馆各业务部门亦随之不断制（修）订业务工作规范。此次付梓出版，全馆各部门结合工作发展实际，反复推敲，数易其稿，方始成型，特此感谢！新老业务管理处人员，特别是刘康宁和黎知谨同志在规范成型中做出了重要贡献，特此感谢！

　　目前，全国各级各类图书馆均在研究和制（修）订新环境下业务服务规范。国家图书馆担负的职责与任务决定了我们在图书馆业务规范建设方面具有的责任。此次将国家图书馆施行的业务工作规范付梓出版，期望能够为其他图书馆提供参考依据，从而提升我国图书馆建设水平和服务能力，促进图书馆事业科学发展。

目　　录

第一章　总则

第一条　国家图书馆业务工作规范(以下统称"规范"),规定了国家图书馆主要业务工作各环节的工作内容和质量要求。

第二条　各部门在具体执行本规范的过程中,可结合实际情况制定实施细则,但各项工作内容和质量指标不得少于或低于本规范的规定。

第三条　本规范按业务工作流程和业务工作性质分别编写,分为文献采选工作、文献编目工作、读者服务工作、文献库房管理工作、参考咨询工作、数字资源建设工作、文献缩微复制工作、信息化工作、文献保护与修复工作及其他工作共十部分。

第二章　文献采选工作

第一条　定义

文献采选工作包括图书、期刊、报纸、学位论文、中文资料、古籍、特藏文献、缩微文献、音像资料、电子出版物等各类文献的受缴、受赠、购买、交换、征集、复制补藏，以及采选到馆文献的验收、登记、移交、催缴、补缺、经费管理、工作统计、建设与维护采访数据库、采选工作管理等项工作。

第二条　中文图书采选

中文图书采选工作是依据国家图书馆中文文献的采选与入藏标准，包括中国各少数民族文种在内的中文普通图书、台港澳图书及海外出版的中文书的受缴、购买、受赠、验收、登记、催缴、补缺、经费管理、建设与维护采访数据库等项工作，以及文献移交、质量检查、工作量统计等辅助管理工作。

1. 受缴

［工作内容］

缴送图书到馆后的取包、拆包、到书验收、填发收书回执、登记、缴送统计，以及对未缴送图书的催缴等。

［质量规范］

（1）按照国务院颁布的《出版管理条例》和国家新闻出版广电总局颁布的《图书出版管理规定》等系列规范性文件接受缴送图书，保证品种齐全和缴送率的不断提高。

（2）将从收发部门取回的邮包和出版社直接寄送到馆的包裹进行

仔细核对。验收时,按出版社一次性将包找全,分包时按出版社集中码放、拆验。将包裹内样书清单与图书逐一核对并检查样书质量,无误后填写出版社缴送图书登记簿和出库单,邮包和验收完的图书码放整齐,排列有序。

(3)发现清单与图书数量不符、出版社未按规定缴送、样书存在装帧错误、残缺和破损等质量问题应及时记录,并通知催缴人员进行补缴和调换。

(4)核对数量错误率不超过1%。

(5)缴送登记簿和出库单填写准确无误,不漏记、不误记。

(6)图书应在到馆后5—10个工作日内拆包验收完毕,避免产生积压。

(7)验收过程中禁止以任何理由私自截流文献。

(8)对验收完毕的图书按入藏标准确定正式入藏、不入藏和需要转出三种情况的图书种/册数量,并办理相关手续。需要转出的图书放在固定位置,并通知或转交相关部门。

(9)验收完毕的样书清单副本盖章,作为收到回执及时寄回缴送单位;清单无副本可复制原清单,回复缴送单位;缴送单位未附清单须及时与缴送单位联系,补齐缴送样书清单或自制回执。对需要补缴或调换样书的要说明。

(10)缴送样书清单(或自制回执)按规定整理留档。

(11)广泛收集各种书目信息,了解和掌握图书缴送单位的出版情况和缴送情况。

(12)加强缺缴图书的催缴工作,建立缺缴图书目录,得到信息及时补充。要特别注意成套图书、多卷集的配套补缺,保证馆藏的连续性和完整性。

(13)以 QQ 群、电话、信函、走访等方式对未按规定缴送样书的出版社及有关单位及时进行催缴,将联系情况记录备案。要求做到三勤:勤打电话、勤写信、勤答复。

(14)对各出版社及有关单位的缴送情况进行统计、分析和评价。

每月对缴送图书验收数量和登记量进行统计;缴送情况统计分析每季度报部门一次,每半年报业务主管部门一次;下一年度 6 月底以前,完成上一年度中文图书缴送率的统计工作并报业务主管部门。

(15)缴送统计工作按照《国家图书馆业务统计规范》执行,要求做到数据准确无误,分析与评价准确客观,言之有物。按时报送有关部门。

(16)按照年度任务书的要求考核缴送率。

2. 购买

[工作内容]

(1)由中标供货商、直采供货商按照采购合同中关于《国家图书馆购买新版中文图书的规定》,全品种采购中文普通图书。年鉴、地方志类图书、旧书补藏采用单独发订方式进行采购,图书目录由采访人员主动收集或由供货商提供,采访人员负责对目录进行逐条筛选与审核。采访人员监管书商合同执行情况,并进行定期考核。

(2)购买图书到馆后的取包、拆包,核对发票、核对书价、检查到书数量和质量,登记。

(3)缺采图书的补充、建设与采访数据维护等工作。

[质量规范]

(1)通过各种渠道积极收集内地及台港澳地区图书进出口机构的出版信息,国家图书馆各专藏阅览室、外借部门和读者的需求信息,按照《国家图书馆文献采选条例》及其细则规定的采选范围和复本标准选购图书。

(2)通过国际标准书号(以下简称 ISBN 号)、书名、著者、出版社等多个检索途径对预购买图书进行查重,保证查重准确,综合错误率不超过 2%。

(3)订单和书目记录的内容包括:ISBN 号、书名、著者、出版社、版次、开本、页码、价格、预订册数、选订人、发订日期和发往单位等。录入完毕进行核查,保证各项录入数据准确。

(4)选订的书目交由审定人员进行复审,审核无误后,订单盖章送交供书单位。复审时重点核查订单中图书品种、复本量、价格以及录入数据质量,及时纠正错误的订购信息。不误订、不重订、不漏订。

(5)补选缺藏图书。建立缺藏图书目录,得到信息及时补充。注意成套图书、多卷集的配套补缺,保证馆藏的连续性和完整性。对专订图书要求和读者推荐图书应及时处理并反馈。

(6)有针对性地到书店、大型书市、图书订货会和全国大型图书批销中心进行现货补书,有选择地购买到馆直销图书,以补充馆藏或各阅览室、外借库读者需求量较大的各类图书,尽量补全各社出版的重点图书。

(7)跟踪订单,检查未到图书情况。发订图书1年内(台港澳图书2年内)未到,应向发订书商进行查询,视情况做撤订和重新征订处理。

(8)做好采选数据维护,定期剔除撤订书的预订数据。

(9)统订书目按照书商的要求预订,散订书单根据批量大小,自收到书单起5个工作日至15个工作日内完成预订。

(10)购买图书应合理使用购书经费,严格遵守国家图书馆财务制度。购买图书时,一种书单价在100元以上的应分别报请各级领导批准。具体批准权限为:100元(含100元)以上1000元以下由组长批准;1000元(含1000元)以上10 000元以下由主管主任批准;10 000元(含10 000元)以上50 000元以下由主管馆长批准;50 000元(含50 000元)以上由主管馆长并主管财务馆长审批;必要时经馆务会批准。

(11)购买图书到馆后,及时自收发部门将邮包取回。将邮包按供书商分类后集中码放,清点邮包或供书商直接送到的书包的总包数,和供书商办理签收手续。

(12)拆包验收时按发票、清单核对图书的种数/册数和书价,检查图书质量以及确定是否属于国家图书馆入藏范围。核对无误后,填写出库单(登记),对清单加盖验收章,移交请款员办理报账使用。需要装订的图书应登记后进行装订。

(13)发现清单与图书数量、价格不符,在清单相关位置纠正注明。对存在装帧错误、残缺和破损等质量问题的图书及时与相关单位联系进行调换。

（14）验收错误率不超过 1%。

（15）按图书到馆的先后顺序拆包验收。图书应在到馆后 5 个工作日内拆包验收完毕（台港澳图书参照外文图书，10 个工作日内完成），避免产生积压。邮包和验收后的图书码放整齐、排列有序。

（16）验收过程中禁止以任何理由私自截流文献。

3. 受赠

［工作内容］

接收到馆赠书，包括接收邮寄到馆和其他部门转来的赠书；接待到馆赠书的团体和个人；外出接收赠书；应答、回复捐赠者电话或来信；赠书的验收，办理接受等手续。

［质量规范］

（1）接待赠书来访者和应答电话态度要热情，并致诚挚谢意。收到邮包或来信应及时回复。

（2）对赠书进行查重，验收，对受赠图书办理接收手续，出具捐赠证书/感谢函并填写赠书登记表。

（3）赠书登记表登记内容包括接收日期、文献名称及数量、捐赠者及捐赠者地址、邮编、电话等联系信息、赠送方式（直送、邮寄、转交等）、ISBN 号和价格、经手人、证书编号、证书寄出日期等。内容填写齐全、清楚。

（4）捐赠证书、感谢函打印或填写要工整、认真，字迹清晰。不论以何种方式收到捐赠文献，应在登记之日起 5 个工作日内向捐赠者寄、发"捐赠证书"或"感谢函"。

（5）凡有作者或名人收藏者签名、盖章或留言的捐赠文献，按国家图书馆规定慎重处理。

（6）接收的赠书按批次（一批次 50 种左右）填写好出库单内容，交由记到人员记到。

（7）寄送到馆的非本部门所负责的赠书，要在验收后 5 个工作日内通知相关接收部门领取。

(8)捐赠文献登记表(含清单)与捐赠者签订的"捐赠协议书"连同捐赠清单一同归档,长期保存。

4. 记到

[工作内容]

对验收完的图书进行查重,修改、补建订单,盖馆藏章、贴条形码,建单册信息,记到校对、改正校对错误等工作。

[质量规范]

(1)依次以 ISBN 号、书名、著者、出版社、版次及丛书名对验收完的图书进行查重、核对,根据国家图书馆入藏标准确定入藏。经记到查重后,错订复本率不超过 0.5%。

(2)修改、完善预订图书的订单内容和采选书目记录,未建订单的缴送、购买、赠送和其他部门转来的图书补建订单,按规定修改和录入订单号、订购方式等订购信息、书商信息和到书的数量和价格。记到项目齐全准确,错误率不超过 1%。

(3)对入藏图书及附件逐册加盖馆藏章、贴条形码。加盖馆藏章、贴条形码位置正确,不歪不斜、清晰整洁。

(4)建立单册数据,准确录入单册表要求填写的各个项目,依据国家图书馆的入藏规定确定每个复本的分流去向及状态,录入完毕进行核对。复本分流准确,错误率不超过 1%,单册状态与单册处理状态准确,错误率不高于 0.1%。对入藏图书附带的附件,作为单册另建单册数据。

(5)记到核对时,发现购买图书中不属于入藏范围的书和多余复本应及时交给有关人员联系退书。

(6)记到数据著录格式的校对以《中文图书机读目录格式使用手册》为标准。对记到情况逐项校对,对记到、采选数据和分流错误进行改错。校对后的错误率低于 1%(按款目)。

(7)对记到完毕的图书按确定的分流顺序分别摆放,夹好写明分流去向的标识条,不得漏写和漏夹去向标识条。

(8)加强数据管理,协助维护数据库,做到不丢失数据,不漏批数据。

(9)每批图书的记到时限不超过 5 个工作日,记到校对时限不超过 2 个工作日。

5. 移交

［工作内容］

记到校对后的图书验收无误后,按图书要求分送至相关部门或科组,并办理交接手续。

［质量规范］

(1)把校对完的图书分别按照新书、登记复本、借阅复本、数字化加工、剔除复本、退书等逐一核对、清点,并与出库单核对种册,为送交图书做好必要准备。要求新书、复本种册与出库单、计算机集成管理系统记到种册一致。

(2)熟悉分流细则,抽查夹好的去向部门代码条,确保分流给书准确。

(3)及时移交,移交图书应先填写交接清单,交接清单所填项目完整、清楚、准确。交接双方清点无误后在交接清单上签字确认。

(4)留存好总括凭证和交接签字清单,备查使用。

6. 购书经费管理

［工作内容］

核对购书清单的价格,计算出每批图书的总价格,登记批次簿,确定"采新"号。检查退书单,按每批书的实付款领取支票,与供书单位结账,并验收发票。填写请款单,有关人员签字后,办理请款、报账手续。外汇到中国银行汇款,送交财务管理部门审核、备案。

［质量规范］

(1)核对清单和计算书价,保证到书的实际价格和清单价格、所有清单的价格与总价格完全相符。

(2)严格遵守财务制度,账目清楚,一切手续和凭证符合财务管理要求。

(3)按要求做好经费统计,每年对经费的支出情况进行统计分析。

（4）定期向领导汇报购书经费的使用情况，请款、报账及时，不压支票。

7. 业务统计

［工作内容］

定期统计所处理各类文献的种、册总量，填写业务报表，报送业务主管部门。

［质量规范］

（1）分别登账汇总每人每月处理各类文献的种、册总量及馆藏去向，及分别登账汇总本组通过缴送、购买、赠送、转送、交换等各渠道处理各类图书的种、册总量。登账汇总要认真细致，馆藏去向、采选渠道区分准确，数量无误。

（2）遵守国家图书馆有关业务统计的规定，填报统计报表。要求统计实事求是，报表统计项目填报齐全，字迹清晰，数据准确无误。

（3）统计工作按照《国家图书馆业务统计规范》执行。

8. 采选工作管理

［工作内容］

进行采选工序环节的数量和质量检查、专项检查，对购书经费使用、报账情况等方面的检查，采选工作的管理等。

［质量规范］

（1）加强对中文图书采选的管理、研究与统计分析，解决采选工作中的问题。

（2）根据《国家图书馆文献采选条例》及其细则、《国家图书馆捐赠文献接受管理办法》《国家图书馆缴送工作管理暂行办法》《国家图书馆财务管理办法》《中文图书机读目录格式使用手册》及《国家图书馆业务工作监督考核办法》等有关规定，定期组织进行采选工作检查，发现错误及时要求改正，并撰写检查报告报有关领导和部门。

（3）检查项目齐全、安排合理。对采选工序环节的检查，应包括审核选书质量和数量，抽查图书发订、验收、登记、移交等环节的工作数量和质量情况。专项检查重点进行缴送率、缺采率、分流错误率、误采率、加工时限等方面的检查,同时对书商的配书情况、业务统计、购书经费使用等方面进行检查。

(4)图书误采率(包括不应入藏的品种和多余复本)不超过0.5%;缺采率不超过2%(不含台港澳地区出版的图书)。

(5)记到项目齐全准确,记到数据错误率不超过1%。

(6)接收的图书在本工作环节不滞留、不损坏、不丢失。

第三条 外文图书采选

外文图书采选工作是依据国家图书馆外文文献的采选和入藏标准,包括图书的选择、发订、验收、登记等工作。各文种图书的采选工作都必须严格按照本工作系统各环节的规范执行,并采取必要措施,完善各工作环节的查重和校对工作,建立起完备的书目记录和采选记录。外文图书缩微制品的采选工作同外文图书采选。

1. 选书

[工作内容]

根据中、外图书代理商或国外出版社提供的月度或不定期新书目录圈选符合《国家图书馆文献采选条例》要求的外文图书并查重,补订以往出版的有较高收藏价值的学术类图书,特别是研究中国问题和有关中国的出版物,力求多卷集、连续出版物的完整配套。查重和补订国家图书馆专家和读者推荐的图书,反馈处理意见。

[质量规范]

(1)遵循《国家图书馆文献采选条例》的规定,在经费允许的情况下,对属于全面采选范围和有关中国学方面的图书,不得发生重大遗漏。及时了解学术动态和出版信息,采选属于重点入藏范围的图书。避免采进不符合入藏标准的图书和不必要的复本。

(2)选书工作一定要在充分了解馆藏及全面阅读专业书目的基础上进行,并注意漏卷、缺卷图书的补选工作。

（3）在选定图书时,做好查重工作,控制并降低复本错选率。

2. 订购

［工作内容］

对确认准备订购的图书,按照外文图书著录规则,利用图书馆集成管理系统建立相应的书目记录和订购记录,完成题名、著者和 ISBN 号的查重工作,校对无误后发订。对于订购后(一年以上)没有到货的订单,应定期向图书代理公司进行催询。

［质量规范］

遵循馆、部各级制定的业务文件及外文图书采选岗位规范和外文图书采选书目数据制作的要求,著录内容规范、翔实、准确,错误率不超过 1%。

3. 验收、登记

［工作内容］

对采选到馆的图书拆包,按清单、发票进行验收,调用已建的发订记录进行核对、登记和记到(包括建立总发票记录,并将到书逐条添加到总发票中),按所收到的图书修改或补建书目记录,盖馆藏章、贴条形码并将信息保存在系统中。对捐赠图书和缴送图书做好查重、剔复工作,并向捐赠人或团体寄发捐赠证书或感谢函,建立采访记录后按要求分送至相关部门或科组,并办理交接手续。

［质量规范］

（1）遵循馆、部各级制定的业务文件、外文图书采选岗位规范和外文图书采选书目数据制作的要求,著录内容规范、翔实、准确,错误率不超过 1%。做好查重,对复本和续卷按相关规定进行正确的处理。

（2）对入藏图书及附件逐册加盖馆藏章、贴条形码。加盖馆藏章、贴条形码位置正确,不歪不斜、清晰整洁。

（3）校对完毕的图书及时、准确分送至相关科组,转其他部门的图书和资料及时转至相关部门,移交手续规范。

4. 购书经费管理

［工作内容］

妥善保管到馆图书的发票和清单,按照有关财务规定履行签字、请款、报销和银行外汇付款等手续。进行经费支出统计。

［质量规范］

(1)遵循国家图书馆书刊文献购置费和分配方案、国家图书馆有关图书采选工作的业务规定和财务管理文件、有关外汇使用和管理的规定。

(2)请款报账前对发票进行审核,包括金额、书商、数量和所附清单是否一致,签字手续是否完备等。做到账目清楚,请款、报账及时,一切手续和凭证符合财务管理要求。

(3)定期进行购书经费的预算统计和已付经费统计,每年进行经费使用情况的统计分析。

5. 业务统计

［工作内容］

定期统计订购、缴送、赠送和送编图书的数量,填写报表报送业务主管部门。

［质量规范］

(1)遵守国家图书馆有关业务统计的相关规定,认真填报统计报表。要求统计实事求是,报表统计项目填报齐全,字迹清晰,数据准确无误。

(2)统计工作按照《国家图书馆业务统计规范》执行。

(3)适时进行有关业务统计分析。

6. 采选工作管理

［工作内容］

按有关业务规定,全面监督检查外文图书发订、验收、登记等环节的工作质量,发现错误及时要求改正。

［质量规范］

(1)加强对外文图书采选的管理、研究与统计分析,及时解决采选工作中的问题。

(2)根据《国家图书馆文献采选条例》《国家图书馆捐赠文献接受管理办法》《国家图书馆财务管理办法》及《国家图书馆业务工作监督考核办法》等有关规定,定期进行采选工作检查,并撰写检查报告报有关领导和部门。

(3)检查项目齐全,包括审核选书质量和数量,检查馆藏章、条形码的准确、清晰程度,统计预订、记到、续到工作中的错误率,发现错误交工作人员改正后,再复查改正后的结果。误采率(包括不应入藏的品种和多余复本)不超过0.5%,缺卷(期)率不超过2%。

(4)依据《国家图书馆文献采选条例》和馆、部门各级制定的业务规定、外文图书采选书目数据制作的有关要求和外文编目规定对复本、多卷集的加工处理情况进行检查、考核。

第四条 中文期刊采选

中文期刊的采选工作包括中国内地出版发行的中文期刊的采选、验收、记到、采选数据库维护等各项工作。

1. 采选

[工作内容]

每年中文期刊的续订、停订、新订、受缴和缺藏催补等工作。

[质量规范]

(1)前期准备:了解国家新闻出版广电总局的最新政策;进行中文期刊的出版发行情况及期刊价格的调研;了解中文期刊出版的内容与质量情况;进行中文期刊的开发利用与读者利用需求情况的调研;掌握上年度所收藏各种国内(不含台港澳地区)出版期刊的缴送情况,并进行分析。调研情况应客观准确,并写出相应的调研报告,并根据调研结果确定订刊份数。收集订刊目录,确定订购渠道(书商或联合征订单位)。

(2)集中订购:按确定的订购书商或联合征订单位,核对其提供的订刊目录;根据《国家图书馆文献采选条例》确定需订购的期刊品种,注意对内部刊物的入藏进行甄别;根据确定的期刊品种与查重的结果,分出续订与新订期刊分别处理。

续订:对续订期刊依据期刊内容质量、读者利用情况、缴送情况、收藏和各阅览室的需求,确定每种期刊的订购份数。

新订:对新订期刊根据期刊的内容质量,收藏和各阅览室的需求,预测的读者利用情况,确定订购份数;以表格形式打印期刊订购清单,订单发出前进行查重,逐项核对,避免重复订购。发现漏订品种要及时补订,同时要核对订购的品种、份数与价格,确保准确无误。

停订:期刊因自然停刊等原因需停订的,及时告知记到人员,并在采访数据上做相应标注。

(3)零星订购:对不通过书商或联合征订,而只采用自办发行渠道的期刊,应逐个与各编辑部联系,索要订单。根据订单查重后,按采访条例、前期调研情况以及阅览需求等情况,确定是否需要订购或订购份数。订单发出前要核对订购的品种、份数与价格,确保无误。

(4)建立采访数据:建立书商信息目录,建立期刊订单,设置不同复本的不同去向与催缺间隔时间。

(5)年度订刊总结:年度订刊完毕后,对订刊目录、期刊价格、经费使用情况等进行分析,撰写年度期刊订购的总结报告。

(6)接受缴送:协同国内出版物呈缴组宣传缴送制度,做好缴送登记,定期维护缴送单位信息,及时进行催缴,按要求做好缴送统计。

(7)补缺工作:随时掌握期刊的缺期与出版情况,通过各种方式与渠道及时进行缺期催补与品种补订。

(8)统计工作:统计工作按照《国家图书馆业务统计规范》执行,要求统计报表项目填报齐全,数据准确无误。

(9)书商监管工作:配合相关部门完成招投标工作,定期对中标书商进行考核,按时提交书商考核报告。

(10)质量标准:期刊误采率不超过 0.3%;采重率不超过 0.1%;核心期刊缺采率不超过 0.2%;其他正式出版的期刊缺采率不超过

1%;缺期率不超过2%。采访数据错误率不超过2%。集中订购期刊到馆率不低于98%。

(11)严格遵守财务制度,保证账务清晰准确。按有关财务制度,做好与各书商或联合征订单位每笔订单的财务结算与报账手续,保证账目清晰。每年要对退/补款情况做出书面报告,说明退/补款原因,并按订购渠道列出清单。

2. 验收、登记

[工作内容]

按中文期刊的收藏范围,对缴送期刊进行逐册接收登记,具体工作内容包括:在系统上登记单册信息并建立单册数据,逐册加盖馆藏章、标注索刊号、根据事先设定的期刊去向对期刊进行分流,对不属于国家图书馆入藏范围,但已到馆的期刊进行剔除,以及催缺补刊和工作统计。

对订购期刊的记到工作进行验收,具体工作内容包括:跟踪监督及验收外包公司的各项工作任务,对接刊登记、搬包、拆包验收、分刊、贴条形码、记到分流等工作逐册验收,定期提交外包工作考核表,依据订购合同对外包公司进行相关错误整改并开具罚单。

[质量规范]

(1)接刊登记:接收送来的集中订购期刊,登记书商名称,与发货清单或交接卡进行详细核对,发现实物与清单或交接卡不符,立即通知采访人员,当场与书商在发货清单或交接卡上勘误。订购期刊需粘贴书商标识。

(2)搬包、拆包验收:从收发室将零星订购期刊和缴送期刊的邮包运到工作间后,须先进行拆包验收。挂号包裹需逐个验收,签字确认。

(3)分刊:核对完毕期刊,贴条形码,按学科、刊名字头粗分,分别放在待记到粗分架位上。

(4)建立单册数据:从待记到粗分架上取刊,登记单册信息,保存本加盖馆藏章、阅览本标注索刊号。根据设定的去向,将期刊送往相应的库房或阅览室,分流准确。

（5）在系统中登记期刊单册信息时，核对期刊 MARC 书目数据的刊名、出版地、ISSN 与统一刊号，以及出版年、卷、期等信息，确保记到期刊与书目数据相符。

（6）对期刊附带的光盘，依据《期刊所附光盘入藏及编目加工操作方案》进行相关操作。

（7）发现期刊更名或停刊，立即通知采访和编目人员。

（8）发现期刊有增刊、刊期变化，或发现新刊，应立即填写"期刊出版发行变更工作单"，立即通知采编人员，待采编人员处理后，再在系统中登记单册信息。

（9）催缺补刊：对订购期刊发现缺刊，及时或定期向采选人员提出催缺通知，发现漏订期刊，及时告知采访人员补订。

（10）监督验收：对外包人员记到情况进行监督，发现错误及时通知采编人员。

（11）严格按照采访方针规定的收藏范围，对确属不入藏的缴送期刊进行剔除。

（12）业务统计：每月统计工作量，统计工作按照《国家图书馆业务统计规范》执行，要求统计项目填报齐全，数据准确无误。

（13）严格按照记到规定完成全部工序，保证期刊在馆规定的日期内上架，不积压，记到错误率不超过 1%。

第五条　外文期刊采选

外文期刊的采选工作包括国外和国内（不含台港澳地区）出版发行的外文期刊的采选、验收、记到、采选数据库维护等各项工作。

1. 采选

［工作内容］

每年外文期刊的续订、停订、新订、受缴、受赠和缺藏催补等工作。

［质量规范］

（1）订刊：每年订刊工作开始前，做好上一年期刊的到馆情况、读者利用、价格以及期刊质量等方面的调研,要求调研情况准确。根据订刊经费情况及时调整订刊,同时依据《国家图书馆文献采选条例》补充各学科新刊。

续订:每年对续订目录进行核实,在订刊目录上标注年份和刊价。维护计算机集成管理系统中的采选数据。

停订:期刊因自然停刊、订购品种调整以及购书经费等原因需停订的,应将相关信息标注在采访目录中。停订期刊信息及时告知记到人员,并在采访数据中做相应标注。

新订:根据《国家图书馆文献采选条例》的有关规定,查找相关资料,了解期刊的内容质量、读者利用以及出版发行等情况,选订新增期刊。

订单发出前逐项核对、查重,确保每种期刊只订 1 份,发现漏订品种要及时补订。打印订单,建立订刊目录。发现订重品种要及时撤订,最大限度地减少经费损失。

(2)接收交换期刊:接收交换科组转来的期刊,并与负责交换的科组及时协调、催补。

(3)接受缴送期刊:对国内(不含台港澳地区)出版的外文期刊,应宣传缴送制度,做好缴送登记,定期维护缴送单位信息,及时进行催缴。

(4)报账:按财务有关规定,做好外文期刊订刊经费的请款、报账等工作。

(5)年度订刊总结:年度订购完毕后,对所订外文期刊的质量、价格以及经费使用情况等进行分析,撰写年度订购的总结报告并上报。

(6)建立采访数据:建立书商信息目录、期刊订单,并设置期刊去向与催缺间隔时间。

(7)及时处理读者订刊推荐单,解答读者的有关咨询。

(8)统计工作:定期按要求进行采访工作统计,报送业务主管部门。要求统计报表项目填报齐全,数据准确无误。将相关订购数据报送业务主管部门和财务处,以便做经费预算。

(9)补缺工作:随时掌握期刊的缺期与出版情况,及时进行缺期催补。

（10）质量要求：误采率不超过 0.3%，采重率不超过 0.1%，缺期率不超过 2%。采访数据录入错误率不超过 2%，保证订购期刊到馆率 98%。

（11）严格遵守财务制度，保证账务清晰准确。

（12）做好与其他图书馆间的外文期刊协调工作。

2. 验收、登记

［工作内容］

对缴送期刊以及订购到馆期刊进行逐册验收登记。具体工作内容包括拆包验收、核对到货清单、分刊、登记、贴条形码、登记单册信息并建立单册数据，逐册标注索刊号、分类号、加盖馆藏章、夹磁条，并根据事先设定的期刊去向对期刊进行分流，以及催缺补刊和工作统计。

［质量规范］

（1）接包登记：接到代理公司送来的订购期刊箱包之后，详细登记批次、代号、册数、包数。

（2）拆包验收：对送来的期刊按照发货清单或交接卡及时核对，根据订购期刊的目录核对检查代理公司所送期刊的品种是否有误、有无破损等。发现实物与清单不符现象，立即通知采访人员，核对后的清单按顺序整齐放好。

（3）分刊：核对清楚的期刊，按刊名字头分别放在待记到粗分架上。

（4）建立单册数据：从待记到粗分架上取刊，贴条形码、登记单册信息，逐册标注索刊号、分类号、加盖馆藏章、日期章、夹磁条，并根据设定的期刊去向，分别将期刊送往相应的阅览室，要求分流准确。

（5）登记期刊单册信息时，核对期刊 MARC 书目数据的刊名、出版地、ISSN 与订购号，以及出版年、卷、期等信息，确保记到期刊与书目数据相符。

（6）发现期刊更名或停刊，立即通知采访和编目人员。

（7）发现期刊有增刊和刊期变化，立即通知采访和编目人员，待采编人员处理后，再登记单册信息。

（8）对期刊附带的光盘,应作为其纸本期刊的附件处理,单独作为另一单册在建立单册数据,登记相应的单册信息,在盘盒上贴条码、书标,在盒脊上加贴盘标。

（9）催缺补刊:随时检查是否缺刊,若有缺刊应及时向采选人员提出催缺通知单,由采选人员向发货单位催缺补刊。

（10）业务统计:每月统计工作量,统计工作按照《国家图书馆业务统计规范》执行,要求报表统计项目填报齐全,数据准确无误,适时进行有关业务统计分析。

（11）严格按照记到规定完成全部工序,保证期刊在馆规定的日期内上架,不积压,记到错误率不超过 1% 。

第六条　中文报纸采选

1. 采选

［工作内容］

每年中文报纸的续订、停订、新订、受缴、受赠和缺藏催补等工作。

［质量规范］

（1）前期准备:了解国家新闻出版广电总局的最新政策;进行中文报纸的出版发行渠道,以及价格的调研;了解中文报纸出版的内容与质量情况;进行中文报纸的开发利用与读者利用需求情况的调研;掌握上年度所收藏各种报纸的缴送情况,并进行分析。收集订购目录,确定订购渠道。

（2）集中订购:核对收集的订购目录;根据《国家图书馆文献采选条例》确定需订购的报纸品种。根据确定的报纸品种与查重结果,分出续订与新订报纸。

续订:对续订报纸依据其内容质量、读者利用情况、缴送情况、收藏和各阅览室的需求,确定每种报纸的订购份数。

新订:对新订报纸根据其内容质量,收藏和各阅览室的需求,以及预测的读者利用情况,确定订购份数;订单发出前进行查重,逐项核对,避免重复订购。

发现漏订品种要及时补订,同时要核对订购的品种、份数与价格,确保准确无误。

停订:报纸因自然停报等原因需停订的,及时告知记到人员,并在记到卡片和采访数据中做相应标注。

(3)零星订购:对只有自办发行一个发行渠道的报纸,逐个与各报社联系,按采访条例、前期调研情况以及阅览需求确定是否需要订购以及订购份数。按财务制度,做好请款、报账、付账等手续。

(4)建立采访数据:建立书商信息目录、报纸订单,设置不同复本的不同去向。

(5)年度订购总结:年度订购完毕后,对订购目录、报纸定价、经费使用情况等进行分析,并撰写年度报纸订购的总结报告。

(6)接受缴送工作:宣传缴送制度,做好缴送登记,定期维护缴送单位信息,及时进行催缴,按要求做好缴送平台登记工作。

(7)补缺工作:随时掌握报纸的缺期情况与出版情况,并通过各种方式与渠道及时进行缺期催补与品种补订。

(8)统计工作:每月统计工作量,统计工作按照《国家图书馆业务统计规范》执行,要求报表统计项目填报齐全,数据准确无误,适时进行有关业务统计分析。

(9)质量标准:报纸误采率不超过 0.3% ,采重率不超过 0.1% ,中央级报纸缺采率不超过 0.2% ,非中央级报纸缺期率不超过 1% ,采访数据错误率不超过 2% 。

(10)严格遵守财务制度,做好与书商每笔订单的财务结算,保证账目清晰。

2. 验收、登记

[工作内容]

对缴送报纸以及订购到馆报纸进行逐份验收登记。具体工作内容包括拉包、拆包、核对、粗分、手工卡片记到、缴送平台记到、逐份加盖馆藏章,根据规定将记到后的报纸分别送到相应的库房或阅览室,以及催缺补报和工作统计。

［质量规范］

（1）拉包、拆包：从收发室、各送报公司等处将邮局集中订购、零星订购和缴送报纸的邮包运到工作间后，进行拆包验收核对，不丢包。

（2）粗分：把核对后的报纸进行粗分，分配给各记到人员。拆包、分拣报过程中爱惜报纸，禁止乱堆乱放。

（3）手工卡片记到：按省份、记到卡片的排架顺序，进行报纸细分，根据报名找出相应的记到卡片，核对无误后将该报期号记在卡片相应的位置上，缺期情况用红点标注，当天进行催补。

（4）缴送平台记到：登录缴送平台，检索待记到报纸。若没有对应MARC 数据，则进行人工简编；根据 MARC 数据生成报纸频率表；按报纸的出版日期对其期号和总期号进行记到。若保存本报纸有缺期且催补未果，则从缴送本中提取相应报纸进行补藏。

（5）加盖馆藏章：对每一份入藏报纸加盖馆藏章，馆藏章按规定盖在每期报名的中间，印章字迹向上，油印清晰，保存本上报纸现报架，阅览报纸送阅览室。

（6）发现报纸更名或停刊，立即填写"报纸出版发行变更工作单"交给采访和编目人员，进行数据更改与说明。

（7）发现报纸有号外、增刊和出版频率变化，立即填写"报纸出版发行变更工作单"，并及时交给采访和编目人员，待采编人员处理后，再进行记到。

（8）催缺补报：记到人员要勤整理记到卡片，发现未订购的或已订购但未到的报纸，及时告知采访人员进行催补。对每天到馆的报纸进行逐期记到、分流、上架，不能积压。待当天到馆的报纸全部登到完后，集中电话与邮局、各送报纸公司进行首次催补。对向各报社订购及缴送到馆的报纸发现缺期，应及时通过电话、传真、信函等方式进行催补，月底再进行 2 次，或多次催补；每季度将多次催补仍未到报的进行集中催补。

（9）记到人员每月对自己所管理的报纸进行系统集中催缺至少1 次。

（10）按照采访方针规定的收藏范围,对确属不入藏的缴送报纸进行剔除。

（11）业务统计:每月统计工作量,在规定时间内上报,要求报表统计项目填报齐全,统计数据准确无误,适时进行有关业务统计分析。

（12）按照记到规范完成全部工序,保证报纸在国家图书馆规定的日期内上架,不积压,记到错误率不超过1%。

第七条 外文报纸采选

外文报纸的采选工作包括国外和国内(不含台港澳地区)出版发行的外文报纸的采选、验收、记到、采选数据库维护等各项工作。

1. 采选

[工作内容]

每年外文报纸的续订、停订、新订、受缴、受赠和缺藏催补等工作。

[质量规范]

（1）订购:每年订报工作开始前,做好上一年报纸的到馆情况、报纸质量、读者利用、报纸价格等方面的调研,要求调研情况准确。根据订购经费,及时调整订购品种与载体形式,同时依据《国家图书馆文献采选条例》补充新品种。

续订:每年对续订目录进行核实,补充采选数据。

停订:报纸因自然停报、订购品种调整以及购书经费等原因需停订的,将停订信息在订报目录中标注出来,及时告知记到人员,并在记到卡片和采访数据中做相应标注。

新订:根据《国家图书馆文献采选条例》的有关规定,查找相关资料,了解报纸的内容质量及出版发行等情况,选订新增报纸。

对所订报纸进行查重,确保每种报纸只订1份,订单发出前要逐项核对,发现漏订品种要及时补订。打印订购清单,建立订购目录。发现订重品种要及时撤订,最大限度地减少经费损失。

（2）接受交换报纸:接受交换组转来的报纸,与交换组及时协调、催补。

（3）接受缴送：对国内（不含台港澳地区）出版的外文报纸，宣传缴送制度，做好缴送登记，定期维护缴送单位信息，及时进行催缴，按要求做好缴送统计。

（4）报账：按财务有关规定，做好与书商每笔订单的财务结算，账目清晰准确。

（5）年度订购总结：年度订购完毕后，对所订外文报纸的质量、价格以及经费使用情况等进行分析，撰写年度报纸订购的总结报告。

（6）及时处理读者订报推荐单，认真准确解答读者的有关咨询。

（7）统计工作：每月统计工作量，统计工作按照《国家图书馆业务统计规范》执行，要求报表统计项目填报齐全，数据准确无误，适时进行有关业务统计分析。

（8）补缺工作：随时掌握报纸的缺期与出版情况，及时进行缺期催补。

（9）质量标准：报纸误采率不超过 0.3% ，采重率不超过 0.1% ，缺期率不超过 2% ，采访数据录入错误率不超过 2% ，保证订购报纸到馆率 98% 。

（10）严格遵守财务制度，账务清晰准确。

（11）做好资源共建共享，做好与兄弟馆之间的协调工作。

2. 验收、登记

［工作内容］

对缴送、赠送或交换的报纸，以及订购到馆报纸进行逐份验收登记。具体工作内容包括接包登记、搬包、拆包、核对、粗分、手工卡片记到、逐份加盖馆藏章，根据规定将记到后的报纸分别送到相应的库房或阅览室，以及催缺补报和工作统计。

［质量规范］

（1）接包登记：接到代理公司送来的订购报纸箱包之后，首先详细登记批次、代号、册数、包数，以便日后检查核对。

（2）拆包、核对：对送来的报纸按照发货清单或交接卡进行核对，根据订购报纸的目录核对检查代理公司所送报纸的品种是否有误、有无破损等。发现实物与清单不符现象,立即通知采访人员,核对后的清单按顺序整齐放好。

(3)粗分:把核对后的报纸进行粗分,分配给各记到人员。分报过程中爱惜报纸,禁止乱堆乱放。

(4)手工卡片记到:按报名找出相应的记到卡片,核对无误后,将该报期号记在卡片相应的位置,缺期情况用红点标注。

(5)加盖馆藏章:对每份入藏报纸加盖馆藏章,按要求上架。

(6)发现报纸更名或停刊,立即填写"报纸出版发行变更工作单"交给采访和编目人员。

(7)发现报纸有增刊和出版频率变化,立即填写"报纸出版发行变更工作单",及时交给采访和编目人员,待采编人员处理后,再进行记到。

(8)催缺补报:随时(或定期)检查是否缺报,缺报情况向采选人员(或直接向代理公司)提出催报通知单,向发货单位催缺补缺。

(9)业务统计:每月统计工作量,统计工作按照《国家图书馆业务统计规范》执行,要求报表统计项目填报齐全,统计数据准确无误,适时进行有关业务统计分析。

(10)按照记到规定完成全部工序,保证报纸在馆规定的日期内上架,不积压,记到错误率不超过1%。

第八条　海外及台港澳地区中文期刊采选

1. 采选

[工作内容]

每年海外及台港澳地区中文期刊的续订、停订、新订和缺藏催补等工作。

[质量规范]

(1)订刊:每年订刊工作开始前,做好上一年期刊到馆、期刊质量、读者利用、期刊价格等方面的调研,要求调研情况准确。根据订刊经费,及时调整订购品种,同时按照《国家图书馆文献采选条例》补充新品种。

续订:每年对续订目录进行核实,在订刊目录上标注期刊年份和刊价,付款前做好价格核对,补充采选数据。

停订:期刊因自然停刊、订购品种调整以及购书经费等原因需停订的,应将相关信息标注在采访目录中。停订期刊信息及时告知记到人员,并在采访数据中做相应标注。

新订:根据《国家图书馆文献采选条例》的有关规定,查找相关资料,了解期刊的内容质量及出版发行等情况,选订新刊。

对所订期刊进行查重,确保每种期刊只订1份。订单发出前要逐项核对,发现漏订品种要及时补订。打印订购清单,建立订刊目录。

(2)接收交换期刊:接收交换组转来的期刊,与交换组及时协调、催补。

(3)报账:按财务有关规定,做好与书商每笔订单的财务结算,账目清晰准确。

(4)年度订购总结:年度订购完毕后,对所订期刊的质量、价格以及经费使用情况等进行分析,撰写年度订购的总结报告。

(5)建立采访数据:建立书商信息目录、期刊订单,并设置期刊去向与催缺间隔时间。

(6)及时处理读者订刊推荐单,解答读者的有关咨询。

(7)统计工作:每月统计工作量,统计工作按照《国家图书馆业务统计规范》执行,要求报表统计项目填报齐全,统计数据准确无误,适时进行有关业务统计分析。

(8)补缺工作:随时掌握期刊的缺期与出版情况,及时进行缺期催补。

(9)质量标准:期刊误采率不超过0.3%,采重率不超过0.1%,缺期率不超过2%,采访数据录入错误率不超过2%,保证订购期刊到馆率98%。

(10)严格遵守财务制度,账务清晰准确。

(11)做好与其他图书馆之间的协调工作。

2. 验收、登记

［工作内容］

对订购到馆海外及台港澳地区中文期刊进行逐册验收登记。具体工作内容包括接包登记、搬包、拆包验收、贴条形码、登记单册信息并建立单册数据,逐册加盖馆藏章、标注索刊号、根据事先设定的期刊去向对期刊进行分流,以及催缺补刊和工作统计。

［质量规范］

（1）接包登记:接到代理公司送来的订购期刊箱包之后,首先详细登记批次、代号、册数、包数,以便日后检查核对。根据订购期刊的目录核对检查代理公司所送期刊的品种是否有误、有无破损等。

（2）拆包验收:对送来的期刊按照发货清单或交接卡进行核对,发现实物与清单不符现象,立即通知采访人员,核对后的清单按顺序整齐放好。

（3）建立单册数据:对验收无误的期刊,贴条形码、在系统中登记单册信息,逐册加盖馆藏章、日期章、标注索刊号,根据设定的期刊去向,分别将期刊送往相应的库房。

（4）登记期刊单册信息时,核对期刊 MARC 书目数据的刊名、出版地、ISSN 与订购号,以及出版年、卷、期等信息,确保记到期刊与书目数据相符。

（5）发现期刊更名或停刊,立即通知采访和编目人员。

（6）发现期刊有增刊和刊期变化,立即通知采访和编目人员,待采编人员处理后,再在系统中登记单册信息。

（7）对期刊附带的光盘,应与其纸本期刊一起,单独作为另一单册登记相应的单册信息,建立单册数据,在盘盒上贴条码、书标,在盒脊上加贴盘标。

（8）催缺补刊:随时（或定期）检查是否缺刊,若有缺刊应及时向采选人员提出催缺通知单,由采选人员向发货单位催缺补刊。

（9）统计工作:每月统计工作量,统计工作按照《国家图书馆业务统计规范》执行,要求报表统计项目填报齐全,统计数据准确无误,适时进行有关业务统计分析。

(10)按照记到规定完成全部工序,保证期刊在馆规定的日期内上架,不积压,记到错误率不超过 1%。

第九条　海外及台港澳地区中文报纸采选

1. 采选

[工作内容]

每年海外及台港澳地区中文报纸的续订、停订、新订和缺藏催补等工作。

[质量规范]

(1)订刊:每年订报工作开始前,做好上一年报纸到馆、报纸质量、读者利用、报纸价格等方面的调研,要求调研情况准确。根据订购经费,及时调整订购品种,同时按照《国家图书馆文献采选条例》补充新品种。

续订:每年要对续订目录进行核实,在订刊目录上标注期刊年份和刊价,付款前做好价格核对,补充采选数据。

停订:报纸因自然停报、订购品种调整以及购书经费等原因需停订的,应将相关信息标注在采访目录中,并及时告知记到人员,在记到卡片和采访数据中做相应标注。

新订:根据《国家图书馆文献采选条例》的有关规定,查找相关资料,了解报纸的内容质量及出版发行等情况,选订新增报纸。

对所订报纸进行查重,确保每种报纸只订 1 份。订单发出前要逐项核对,发现漏订品种要及时补订。打印订购清单、建立订报目录。

(2)接收交换报纸:接收交换组转来的报纸,与交换组及时协调、催补。

(3)报账:按财务有关规定,做好与书商每笔订单的财务结算,账目清晰准确。

(4)年度订购总结:年度订购完毕后,对所订报纸的质量、价格以及经费使用情况等进行分析,撰写年度订购的总结报告。

（5）建立采访数据：建立书商信息目录、报纸订单，设置报纸去向。

（6）及时处理读者订报推荐单，解答读者的有关咨询。

（7）统计工作：每月按要求进行采访统计，统计工作按照《国家图书馆业务统计规范》执行。要求报表统计项目填报齐全，统计数据准确无误，适时进行有关业务统计分析。

（8）补缺工作：随时掌握报纸的缺期与出版情况，及时进行缺期催补。

（9）质量标准：报纸误采率不超过 0.3%，采重率不超过 0.1%，缺期率不超过 2%，采访数据录入错误率不超过 2%，保证订购报纸到馆率 98%。

（10）严格遵守财务制度，保证账务清晰准确。

（11）做好资源共建共享，做好与兄弟馆之间的协调工作。

2. 验收、登记

［工作内容］

对订购到馆海外及台港澳地区中文报纸进行逐份验收登记。具体工作内容包括接包登记、搬包、拆包、核对、手工卡片记到、逐份加盖馆藏章，根据规定将记到后的报纸分别送到相应的库房或阅览室，以及催缺补报和工作统计。

［质量规范］

（1）接包登记：接到代理公司送来的订购报纸箱包之后，首先详细登记批次、代号、册数、包数，以便日后检查核对。根据订购报纸的目录核对检查代理公司所送报纸的品种是否有误、有无破损等。

（2）拆包、核对：对送来的报纸按照发货清单或交接卡进行核对，发现实物与清单不符现象，立即通知采访人员，核对后的清单按顺序整齐放好。

（3）手工卡片记到：对验收后的报纸，按报名找出相应的记到卡片，核对无误后，将该报期号记在卡片相应的位置上，缺期情况用红点标注。

（4）加盖馆藏章：对每份入藏报纸加盖馆藏章，并按要求上架。

（5）发现报纸更名或停刊，立即填写"报纸出版发行变更工作单"交给采访和编目人员。

（6）发现报纸有增刊和出版频率变化，应立即填写"报纸出版发行变更工作单"，并交给采访和编目人员，待采编人员处理后，再进行记到。

（7）催缺补报：随时（或定期）检查是否缺报，若有缺报应及时向采选人员（或直接向代理公司）提出催缺通知单，向发货单位催缺补缺。

（8）统计工作：每月统计工作量，统计工作按照《国家图书馆业务统计规范》执行，要求报表统计项目填报齐全，统计数据准确无误，适时进行有关业务统计分析。

（9）按照记到规定完成全部工序，保证报纸在馆规定的日期内上架，不积压，记到错误率不超过1%。

第十条 古籍与特藏文献采选

通过接受缴送和受赠、征集、购买、传拓、复制等多渠道，采选善本古籍、普通古籍、新线装、新善本、名家手稿、精装精印、少数民族古籍、敦煌资料、金石拓片、地图、照片、古籍缩微胶卷等类文献。工作环节包括选目、专家鉴定、报批购买文献报告、办理购买手续、验收登记、组织采访目录（未进入计算机系统）、报账、采选统计等。

1. 购买

［工作内容］

对包括善本古籍、普通古籍、新善本、名家手稿、少数民族语文古籍、石刻新旧拓片、新旧地图、照片、旧年画、敦煌资料等在内的古籍与特藏文献的访寻、初选、查重，对拟购买文献鉴定及估价，办理购买手续等。

［质量规范］

（1）采选工作积极主动，严格执行国家图书馆有关文献采选、加工、购书经费管理的各项规定。

（2）与各有关单位、机构和古旧书店及重要藏书家等保持密切联系，并视情况适时走访，多方收集包括私家目录、拍卖目录在内的有关资料和售书信息；积极通过各种渠道获得各种载体的特藏文献的征订目录、出版信息、内部出版物动态等。

（3）初选购买目录。对收集到的可采书目信息按古籍及特藏文献的收藏范围和标准进行初步挑选。在经费允许的情况下，尽力多方访求收藏价值大、质量高的藏品。

（4）对访寻对象查重。通过多途径、多系统认真查重，防止漏检，杜绝重复采购；误采率图书类不超过 0.5%，报刊类不超过 0.3%。

（5）按馆规定组织或参与古籍和特藏文献鉴定。

（6）购买经费报审。认真履行购买审批制度和财务报销制度；根据每种文献定价，按规定进行报审。

（7）办理购买手续。

（8）需要其他部门采选的文献应及时向相关部门提供书目信息。

2. 受赠

［工作内容］

考察捐赠品价值，进行查重；与提出奖励要求的捐赠者协商奖励金额；受赠 30 种以上或受赠文献具有特别价值的需报批受赠报告；办理受赠手续（包括制作捐赠相关证书，举办赠书仪式或其他形式的赠书活动）。

［质量规范］

参见本章第二条中文图书采选工作相关条款。

3. 竞拍

［工作内容］

收集有关古籍与特藏文献拍卖会信息，查阅拍品图录；对拟竞拍的拍品查重，组织专家论证，对拟竞拍拍品进行限价；提出拟竞买文献目录报批；到展品展览会考察拍品，可根据目验结果调整拟竞拍拍品的价格,一般不高于报批的限价;参加现场竞买,办理购买手续。

[质量规范]

(1)执行国家拍卖法的规定和《国家图书馆文献竞拍工作管理办法(试行)》的有关规定。

(2)建立与各拍卖公司的业务联系并建立联系档案;随时了解和掌握有关拍品信息、拍卖市场以及相关群体的情况。

(3)了解拍卖机构及拍品是否合法,尤其注意文物拍卖是否合法。

(4)收到拍品目录后,认真进行馆藏查重,确认是否缺藏。要特别注重对珍品和孤本的寻访,竞拍一般不购买复本。

(5)到拍品展示会现场考察拍品时,应详细了解意向拍品的一切情况,对其真伪和品相进行认真鉴定,把握拍品的真实性。

(6)根据考察情况和拍品鉴定专家小组的鉴定意见,选定拍品并按规定办理参加竞拍审批手续。对专家小组鉴定有争议的拍品不予选择。

(7)竞拍意向建议审批通过后,参加竞拍单位应制订具体竞拍方案并指定竞拍人。竞拍方案应注意保密。

(8)现场竞买应集中精力,把握机会。一般情况下,竞拍所得拍品价格不得超过报批标准。

(9)竞拍成功后,按规定办理相关手续。竞拍工作全部结束后,应有详细书面总结报有关领导。总结和拍卖活动的相关材料应予留档。

4. 金石文献传拓

[工作内容]

收集新出土或新发现石碑、甲骨、青铜器等信息,办理外出传拓的申请手续,进行传拓。

[质量规范]

(1)执行国家有关文献拓印、复制的有关规定。

(2)根据拓件的不同,选择适当的拓印方法。

(3)拓片应墨色均匀,拓印清晰。

5. 验收、登记

［工作内容］

善本与特藏文献到馆后的拆包,对发票,发回执,记到,盖馆藏章,登记,报账,写谢函,办理赠书手续等。

［质量规范］

(1)到馆文献及时验收,认真清点核查并登记。必须与缴送单、捐赠清册及发票核对无误后才能办理入藏手续和向财务报账。

(2)竞拍取得的文献,验收按《国家图书馆文献竞拍工作管理办法(试行)》的有关规定。

(3)如需向捐赠者颁发奖金,须持主管馆长签字的审批报告在财务处领取现金(或现金支票)。

(4)验收登记及时、字迹工整、准确无误。加盖馆藏章要位置适当,印油均匀、轻重适度,方位方正;条形码按规定位置粘贴。

(5)善本与特藏的财产账,一经登记,不得随意涂改、削改或挖改,如确需更改时,必须向组长说明情况,然后在备注项中注明原因,也可单独注明,加盖核验章。登记簿应由专人保管,不得随意涂改、销毁。

(6)按规定办理相关财产及报账手续。严格遵守国家图书馆财务制度,账目清楚,请款报账及时,一切手续和凭证符合财务管理规定。

(7)受赠品分流准确。

(8)验收登记校对前错误率不高于1%。善本古籍、普通古籍、善拓等不应有差错。

6. 购书经费管理、业务统计、采选管理

［工作内容］

对购书经费的使用情况做统计;统计通过各种渠道采选的古籍与特藏文献数量,填报业务工作统计报表;进行采选工序各工作环节的质量检查,以及误采率、加工时限、业务统计等方面的专项检查。

［质量规范］

参见本章第二条中文图书采选工作相关条款。

（1）购书经费统计准确，每年进行经费使用情况分析。

（2）统计工作按照《国家图书馆业务统计规范》执行，业务统计要实事求是，准确无误，适时进行有关业务统计分析。

（3）定期进行各项业务工作检查。

第十一条　地方文献采选

地方文献（包括地方志、家谱、文史资料及其他地方文献）采选。具体包括搜集出版信息、查重、订购（建立书商信息、建立订单、预算、发送订单等）、催询、记到、财务管理等，以及业务统计、文献交接、质量检查等辅助管理工作。

1. 选订与征集

［工作内容］

根据地方文献范围，收集书目信息，进行预订图书初选、查重，确定预订图书品种及复本数。录入书目和订单的各项信息，建立预订图书的采选书目记录和订单记录，订购图书复审，发订单；采选数据的维护和缺藏文献的补缺。

［质量规范］

（1）通过各种渠道搜集所采文献的出版发行信息，按照《国家图书馆文献采选条例》及有关规定选购图书。

（2）根据地方文献收藏范围，与各地新闻出版局、专业图书编委会及出版部门、专业书店及图书公司等相关机构联系，及时获得书目信息，联系购买或进行征集。

（3）通过 ISBN 号、书名、著者、出版社等多个检索途径对预订文献进行查重，保证查重准确，综合错误率不超过 2%。

（4）加强缺藏文献的补选工作，建立缺藏文献目录，得到信息及时补充。注意成套图书、多卷集的配套补缺，保证馆藏的连续性和完整性。

（5）严格遵守国家图书馆财务制度，符合财务手续，合理使用购书经费。

(6)订单跟踪,检查未到文献情况。对发订未到文献应适时向发订书商进行查询,视情况做撤订和重新征订处理。

2. 验收、登记

[工作内容]

对通过各种渠道采选到馆的地方文献进行验收,对验收完的文献查重,盖馆藏章、贴条形码,建立单册信息等工作。

[质量规范]

(1)预订文献到馆后,及时拆包、清点种册数,检查文献质量,核对书价、发票,与供书商办理签收手续。

(2)发现清单与图书数量、价格不符的地方应在清单上纠正注明。

(3)对存在质量问题的文献应及时与相关单位联系进行调换。

(4)核对无误后,填写登记单,对清单加盖验收章,移交请款员办理报账手续。

(5)对接收的相关部门转送的文献,要数量清点清楚无误。

(6)对赠书进行查重,验收,确认所赠文献是否为国家图书馆应入藏范围,并办理受赠手续。

(7)地方文献到馆后5个工作日内拆包验收完毕,验收过程中不允许以任何理由私自截流文献。验收应准确无误,错误率不超过1%。

(8)记到时依次以 ISBN 号、书名、著者、出版社、版次及丛书名对验收完的地方文献进行查重、核对。经记到查重后,错订复本率不超过0.5%。

(9)修改、完善预订文献的订单内容和采选书目记录,未建订单的地方文献补建订单。按规定录入订单的各项信息,订单记到项目齐全准确,错误率不超过1%。

(10)对入藏的地方文献盖馆藏章、贴条形码。印章、条码清晰、端正、位置准确,防止漏盖馆藏章。

(11)准确录入单册表要求填写的各个项目,录入完毕进行核对。

(12)对已完成的记到数据进行著录格式和单册信息校对,检查盖馆藏章、贴条形码的质量。发现记到和采选数据错误及时进行改错。

经校对过的错误率不超过 1%。

（13）每批地方文献的记到时限不超过 5 个工作日。

（14）验收总校后的每批地方文献及时送交下一工作环节,不得有积压。

3. 购书经费管理、业务统计、采选管理

［工作内容］

对购书经费的使用情况做统计;统计通过各种渠道采选的地方文献数量,填报业务工作统计报表;进行采选工序各工作环节的质量检查,以及误采率、加工时限、业务统计等方面的专项检查。

［质量规范］

参见本章第二条中文图书采选工作相关条款。

（1）购书经费统计准确,每年进行经费使用情况分析。

（2）统计工作按照《国家图书馆业务统计规范》执行,业务统计要实事求是,准确无误,适时进行有关业务统计分析。

（3）定期进行各项业务工作检查。

第十二条 学位论文采选

国内(台港澳地区除外)博士学位论文、博士后研究报告的受缴、硕士学位论文的征集,台港澳地区及海外博士论文的选购,接受学位论文的捐赠等项采选。

1. 受缴

［工作内容］

开展学位论文资源调查,与国务院教育督导委员会办公室、人力资源和社会保障部全国博士后管理委员会办公室以及国内高等学校和科学研究机构建立协作网络,完善催缴体系。

［质量规范］

（1）收集信息:收集国内外关于学位与研究生教育以及学位授予方面的信息;利用互联网获取内地每年各学位授予单位的博士生

情况。

（2）将学位授予单位提供的博士研究生人员名单和博士后设站单位提供的出站人员名单进行核对，发现漏缴或未按期寄送的论文，通过电话、信函、走访、电子邮件等形式及时与各学位授予单位和各博士后设站单位联系，进行催缴并将联系情况记录备案。博士学位论文和博士后研究报告尽量收全，博士学位论文收全率符合国家图书馆规定。

（3）每年度向有关部门及国务院教育督导委员会办公室提供各学位授予单位报送情况。

（4）各种信函、订单等要及时处理、分类管理，不得丢失。

2. 购买

［工作内容］

根据书商提供的书目进行台港澳地区博士学位论文的初选，对拟订购的学位论文进行查重，选定学位论文，建立订单并发订。

［质量规范］

（1）根据《国家图书馆文献采选条例》的规定和每年任务书中的数量要求及购书经费情况，结合书商提供的书单，选择符合要求的博士学位论文及有特殊研究价值的硕士学位论文。首选社会科学与人文科学类论文，视购书经费的情况再选取科学技术方面的学位论文。

（2）查重。通过著者、论文题名等项目查对数据库及以往订单目录，以确定是否已订购。对有疑问的学位论文，应与书商核对订购记录，避免重复采购。

（3）订单内容录入准确，应包括著者、论文题名、论文语种、学位授予单位、授予时间等。

3. 验收、登记

［工作内容］

缴送或购买的论文到馆后的取包、拆包、到书验收、填发收书回执、办理赠书手续、论文装订；验收完毕的论文进行查重，涉密检查，馆藏记到，盖馆藏章、贴条形码，简单著录；登记完毕论文的移交。

［质量规范］

（1）缴送或购买的论文到馆后,先按学位授予单位集中,然后拆包,逐一核对种、册数量。如发现金额、册数不符等问题及时与报送单位和供书商核查。

（2）进行论文质量检查,查看论文是否完整。对个别缺项（如题名、作者、导师、专业）或装订错误的论文应及时与报送单位或供书商联系,给予补充。

（3）验收错误率不超过1%。

（4）缴送论文验收后要及时给呈缴单位寄送回执单。

（5）收到赠送、交换的论文后要在专用交接本上登记,按规定办理捐赠手续。

（6）对博士学位论文和博士后研究报告进行装订应按照国家图书馆有关文献装订的规定执行,对装订后的质量要进行检查。

（7）制作统计报表,记录学位授予单位或博士后设站单位及学位论文、博士后研究报告的种册数和装订形式等。

（8）按照研究生人名或论文题名、学位授予单位、研究机构的名称查重并将复本剔除。

（9）进行馆藏记到,加盖馆藏章。

（10）登记错误率不超过1%。

（11）涉密论文按照国家有关的保密条例进行登记管理。

（12）全部登记完后的论文及时移交下一工作流程,不得积压。

4. 经费管理、业务统计、采选管理

［工作内容］

分别统计缴送、购买、赠送的各类学位论文的数量;办理购买学位论文的报账手续;进行采选工序各工作环节的质量检查,以及缴送率、采全率、业务统计等方面的专项检查。

［质量规范］

参见本章第二条中文图书采选工作相关条款。

（1）每月做好学位论文的采选统计和上报工作。

（2）严格按照国家图书馆有关图书购买经费的规定,合理使用购书经费,遵守财务制度。严格管理支票,账目清楚无误。

（3）购买台港澳学位论文的验收和外汇使用由专人负责。核对发票无误后,交组长复查每张订单发票,再按当天外汇牌价请款报账,并到中国银行办理汇款手续。

（4）定期进行各项业务工作的检查、考核。

（5）统计工作按照《国家图书馆业务统计规范》执行,业务统计要实事求是,准确无误,适时进行有关业务统计分析。

第十三条　国际组织和外国政府出版物采选

国际组织和外国政府出版物（载体类型包括图书、期刊、文件、电子出版物、缩微品、数据库等）的购买、发订;接受交换和捐赠;到馆资料的验收、登记、补缺、经费管理、业务统计、质量检查等项工作。

1. 采选

［工作内容］

（1）订购资料:搜集出版信息、圈选（补订）资料、发订查重、向图书代理商询价、打印订单、审核、发订。

（2）受赠:根据联合国及部分国际组织的"文献保存图书馆"协议,接受其免费分发的各类资料。

（3）国际交换:根据交换协议,通过出版物交换组获取各类政府出版物。

［质量规范］

（1）通过各种渠道索要各机构出版目录、了解中外图书资料代理商发布的信息;利用网上信息,搜集国际组织和外国政府出版物的出版信息。

（2）购买的资料发订前须进行查重,避免同种出版物的重复订购。选购外文资料的载体形式最好为缩微平片。定期与各外文图书采选组联系,保证采选资料的数量与质量。

（3）与联合国及有关国际组织保持业务联系，索取出版信息，填写"保存图书馆"调查表，及时催补缺藏。

（4）定期到出版物交换组了解资料交换情况，对交换资料的信息需求及时反馈给该组。

（5）注意有关网络资源的采集，关注国际组织和外国政府网站，开发利用网络资源，用以补充馆藏。

（6）根据订购的具体情况和国家图书馆规定的经费支出审批权限分别报请组长、主任或馆长审定和批准。

2. 验收

［工作内容］

（1）对采购到货的邮包进行拆包验收，清点无误后办理请款报销手续。

（2）对赠送到馆的资料按不同载体类型分别清点，记录数量，确定其入藏的品种和数量。

（3）对交换到的资料履行交接手续，清点资料无误后在交接单上签字。

［质量规范］

（1）收到订购的资料后，进行清点验收。购买的资料要核对清单，清点数量，无误后签收资料。凭代理商的发票和文献清单到财务部门领取支票，并转交代理商。发现缺漏，及时向供书商反馈，提供缺漏清单。

（2）赠送的资料要核对目录，发现缺藏，及时发函索取。

（3）对交换的资料要与出版物交换组核实交换内容，发现缺藏，及时向出版物交换组反馈到货信息、提供"补缺清单"。

3. 登记

［工作内容］

对验收后的资料进行查重；盖馆藏章、贴条形码；建立采访记录，填写表单，建立总发票，完成单册登记和记到。

［质量规范］

(1)查重准确,盖馆藏章、贴条形码按规定操作,记到错误率不超过1%。

(2)误采率(包括不应入藏的品种和多余复本):图书类不超过0.5%,报刊类不超过0.3%,电子出版物不超过1%,文献缺卷(期)率不超过2%。

4. 购书经费管理、业务统计、采选管理

［工作内容］

履行购买文献的签字、请款、报销和银行外汇付款等手续;统计每月订购、交换、赠送和送编资料的数量、经费支出,填报业务工作统计报表;进行采选工序各工作环节的质量检查,以及误采率、加工时限、业务统计等方面的专项检查。

［质量规范］

(1)遵循国家图书馆书刊文献购置费分配方案、国家图书馆有关图书采选工作的业务规定和财务管理文件、有关外汇使用和管理的规定。

(2)妥善保管到馆图书的发票和清单;请款、报账及时,账目清楚,一切手续和凭证符合财务管理要求。

(3)每年进行经费使用情况的统计分析。

(4)统计工作按照《国家图书馆业务统计规范》执行,要求统计实事求是,报表统计项目填报齐全,字迹清晰,数据准确无误,适时进行有关业务统计分析。

(5)加强对国际组织和外国政府出版物采选的管理、研究与统计分析,解决采选工作中的问题。

(6)根据《国家图书馆捐赠文献接受管理办法》《国家图书馆财务管理办法》《国家图书馆业务工作监督考核办法》等有关规定,进行采选工作检查,每月至少进行一次,并撰写检查报告报有关领导和部门。

(7)检查项目齐全,包括审核选书质量,检查馆藏章和条形码的准确、清晰程度,统计预订、记到工作中的错误率,及时交予采选工作人员改正。

第十四条 音像资料采选

按照馆定采选方针和要求,采选音像资料。

1. 受缴
[工作内容]
音像资料的接受缴送、登记、催缴等工作。
[质量规范]

(1)按照国务院颁布的《音像制品管理条例》和国家新闻出版广电总局颁布的《音像制品出版管理规定》等系列规范性文件接受缴送音像资料,保证品种齐全和缴送率不断提高。

(2)将从收发部门取回的邮包和出版社寄送的包裹进行仔细核对,验收时按出版社一次将包找全,分包时按出版社集中码放,拆验时将包裹内样书清单与音像资料逐一核对并检查样盘质量,无误后填写出版社缴送音像资料登记簿和出库单。邮包和验收完的音像资料码放整齐,排列有序。

(3)发现清单与音像资料数量不符、样盘存在残缺和破损等质量问题应及时记录,并通知催缴人员进行补缴和调换。

(4)核对数量错误率不超过1%。

(5)出版社缴送音像资料登记簿和出库单填写准确无误,不漏记、不误记。

(6)音像资料应在到馆后5—10个工作日内拆包验收完毕,避免产生积压。

(7)验收过程中禁止以任何理由私自截流文献。

(8)验收完毕的样盘清单副本盖章,作为回执及时寄回缴送单位;清单无副本可复制原清单,回复缴送单位;缴送单位未附清单须及时与缴送单位联系,补齐缴送样书清单或自制回执。

(9)缴送样盘清单(或自制回执)按规定整理留档。

(10)广泛收集各种书目信息,了解和掌握音像资料缴送单位的出版情况和缴送情况。

（11）加强缺缴音像资料的催缴工作,建立缺缴音像资料目录,得到信息及时补充。

（12）以 QQ 群、电话、信函、走访等方式对未按规定缴送样盘的出版社及有关单位及时进行催缴,将联系情况记录备案。要求做到三勤:勤打电话、勤写信、勤答复。

（13）对各出版社及有关单位的缴送情况进行统计、分析和评价。每月对缴送音像资料验收数量和登记量进行统计;缴送情况统计分析每季度报部门一次,每半年报业务主管部门一次;下一年度 6 月底以前,完成上一年度音像资料缴送率的统计工作并报业务主管部门。

（14）缴送统计工作按照《国家图书馆业务统计规范》执行,要求做到数据准确无误,分析与评价准确客观,按时上报有关部门。

2. 购买

［工作内容］

收集出版信息和调查读者需求,进行预订音像资料的初选、查重,根据设备的使用情况预订不同载体的音像资料;建立预订音像资料的书目记录和订单记录,录入书目和订单的各项信息;打印并发送订单;对未到的订单进行核查,并做相应处理。

［质量规范］

（1）全面了解馆藏,熟悉出版动态,深入调查读者需求,汇总读者需求信息。根据馆定工作任务情况,制订采选工作规划。

（2）积极多方搜集出版信息和征订书目,通过音像书店、市场、网上以及一些书商提供的目录等方式获得国内外出版信息。

（3）按照既定的采选工作条例、采访范围选购音像资料,做到所选的资料既有收藏价值,又有时效性。

（4）订购前必须先查重,外文原版音像资料的订购,应尽量避免重购、漏购。误采率不超过 1%。

（5）订单和书目记录的内容包括:ISRC 号、题名、责任者、出版社、价格、预订册数、选订人、发订日期和发往单位等。录入完毕进行核查,保证各项录入数据准确。

（6）选订的书目交由审定人员进行复审,复审时重点核查订单中音像资料的载体、订购数量、价格以及录入质量,及时纠正错误的订购信息。不误订、不重订、不漏订。误采率(包括不应入藏的品种和多余复本)不超过 1%。

（7）加强订单跟踪,检查未到音像资料情况。发订音像资料 1 年内未到的,应向发订书商进行查询,视情况做撤订和重新征订处理。

（8）做好采选数据维护,定期剔除撤订书的预订数据。

（9）建立书商信息,对采访的渠道进行规范,在系统内建书商信息,包括名称、地址、邮政编码、电话等,根据每年变化进行修改维护。

3. 验收、登记

［工作内容］

对收到的音像资料进行拆包验收,验收完毕的音像资料按载体归类,查重,盖馆藏章、贴条形码,打贴书标、给索取号,建采访信息、单册信息、书商信息等工作。

［质量规范］

（1）及时对收到的音像资料进行拆包,按照所附清单,根据不同载体进行核对,核定种、盘数,进行分类、估算音像资料每种的价格,填写报账单报账。

（2）验收完毕的缴送资料清单副本盖章并及时寄回缴送单位;清单无副本应复制原清单,回复缴送单位;缴送单位未附清单须及时与缴送单位联系补齐缴送文献清单或自制回执。缴送文献清单(或自制回执)按规定整理留档。

（3）核对数量应准确无误,错误率不超过 1%。

（4）验收完毕的音像资料按入藏标准确定入藏、不入藏或需要转出的音像资料种、盘数量,并办理相关的手续。需要转出的音像资料放在固定位置,及时通知或转交相关部门。对不入藏的音像资料,根据不同的载体类型进行统计,并与相关部门联系,填写剔除单,做剔除工作。

（5）依次以 ISRC 号、题名、著者、出版社等对验收完的音像资料进行查重、核对，根据国家图书馆的入藏标准确定入藏。经记到查重后，误采率不超过 1%。

（6）根据不同载体的资料，按照不同流水号的顺序，盖章、打贴书标、贴条形码，同时在盘面上写上索取号。索取号须保证准确无误，打书标要清楚、贴书标和条形码的位置准确。

（7）建立出版社（书商）信息，并及时更新维护。

（8）对未建立采访数据和订单的音像资料补建采访数据和订单，准确录入各个项目，包括题名、资料类型、出版社、数量、单价、资料来源等。

（9）建立单册数据。根据采访数据，连接单册信息，按照单册信息的要求填写各项内容，包括条形码、馆藏地点、索取号类型、索取号、资料状态等，要求填写各项准确无误，错误率不超过 1%。

（10）浏览音像资料，测算播放时间并查看资料的图像、音响效果、文种、字幕种类等。

（11）将记到、加工完毕的资料清点按排架顺序排好，转交下一环节。

（12）要求记到加工及时，不积压，不影响下一环节的工作流程。

4. 购书经费管理、业务统计、采选管理

［工作内容］

购买的资料的请款、报账；每月对全组采选数量、登记加工的数量等进行统计，填报业务报表；进行采选工序各工作环节的质量检查，以及缴送率、误采率、加工时限、业务统计等方面的专项检查。

［质量规范］

参见第二条中文图书采选、第三条外文图书采选相关条款。

（1）对购买的资料，按照每批资料的实付款同供货单位结账，并验收发票，填写请款单，有关人员签字后送交财务部门审核、报账。严格遵守国家图书馆财务制度，购书经费统计准确，报账及时，账目清楚，一切手续和凭证符合财务管理要求。

（2）购书经费统计准确,每年对购书经费的使用情况做统计分析。

（3）统计工作按照《国家图书馆业务统计规范》执行,业务统计工作要实事求是,准确无误,适时进行有关业务统计分析。

（4）定期进行各项业务工作检查。

第十五条　电子出版物采选

主要包括接收缴送的电子出版物、购买电子出版物、光盘版数据库和网络数据库等,及相关的统计验收和账务工作。

1. 受缴

［工作内容］

缴送电子出版物的接收和催询工作。

［质量规范］

（1）接收各出版单位根据规定缴送的电子出版物。

（2）了解和掌握出版信息,及时向有关单位、编辑出版部门发出征缴信函,并附寄国家新闻出版广电总局文件《关于缴送音像、电子出版物样品的通知》及投递标签,同时填写采选卡存档。

（3）对按规定应缴送而未缴送的普通电子出版物,及时向有关编辑、出版单位发出催缴信函,以保证馆藏完整。

（4）接收个人或团体的捐赠,按规定给捐赠人或团体寄发捐赠证书或感谢函。

2. 购买

［工作内容］

通过各种渠道全面搜集国内外电子出版物的出版信息,依据国家图书馆电子出版物采访条例和现有馆藏和经费情况,制订采购计划及预算;购买电子资源经费的请款、报账、付账等;联系出版商做好所订数据库的培训工作。

［质量规范］

（1）按照年度工作计划完成本年度采访任务。

（2）不定期举办专家研讨会，为采访工作提供参考依据。

（3）在采访过程中，力求保证订购数据库的延续性。

（4）续订数据库到期后及时交纳使用费，并及时办理相关手续。

（5）新增数据库要详细调研，根据国家图书馆采访经费情况和电子资源的建设方向，写出新增报告，经讨论批准、商务谈判、相关合同的审批后办理购置手续。

（6）在订购电子出版物时，要与出版商明确双方的权利、义务和责任，在领导批准后由相关部处签订有关的法律合同。

（7）订单提交后，采购人员要跟踪出版商或代理商对订单的执行情况，如是否正确地收到订单、货是否发出、订户的付款是否已收到、发票是否已寄出、到货是否有误等情况。

（8）到货登记应做详细登记，如到货数量、发货日期、到货日期、附注，同时应将到货单附在登记簿内，做原始凭证。

（9）在所订购的资料未到的情况下一般要给出版商发催询单，在条件成熟情况下利用采访系统的功能发送。

（10）定期制作报表。在完成一阶段的订购任务后，要做统计报表。同时将没有开发票的订单、被出版商取消的订单，特殊订单做详细的记录。

（11）严格遵守国家图书馆财务制度，报账及时，账目清楚，一切手续和凭证符合财务管理要求。

3. 验收、登记

［工作内容］

对缴送、购买、赠送、交换及其他部门转来的电子出版物进行逐册验收登记；在系统中建立出版商、单册等采访记录。

［质量规范］

（1）到货登记应做详细登记，如到货数量、发货日期、到货日期、附注，同时应将到货单附在登记簿内，做原始凭证。

（2）对实体电子出版物进行验收、核对缴送单并标注缴送种数、盘数及价格等相关信息，移交不属于本室收藏范围的实体电子出版物。

（3）在系统中进行单册查重。

（4）资料的验收要认真、质量要把关。通过浏览光盘,查看收到的电子出版物能否正常使用,如盘片是否损坏、是否缺少序列号。有破损或未提供序列号或注册码的光盘,及时与出版社联系索取或更换。

（5）已购需装载本地的网络出版物,与系统管理人员联系,解决存储空间等问题;在合同相关条款规定的期限内,按合同相关条款验收。

（6）所购 IP 控制的网络出版物,在合同相关条款规定的期限内对其开通的网络出版物按合同相关条款验收。验收合格后,与相关技术人员联系,及时做好网络挂接、数字门户挂接及 SFX 挂接等工作。

（7）对网络出版物的数据库更新进行验收。

（8）在系统中制作出版商信息资料,包括出版商的名称、国家、联系人、资料类型、地址、语言、注释、账户、货币种类、电子邮件、地址等信息。

（9）建立光盘的单册信息,单册表单各项录入准确。

（10）进行光盘的快速编目,并标注馆藏号。

（11）进行数据挂接。

4. 购书经费管理、业务统计、采选管理

［工作内容］

对购书经费的使用情况做统计;统计缴送和购买的实体电子出版物数量,并进行数据库流量、使用率等统计,为电子出版物的续订提供依据;进行采选工序各工作环节的质量检查,以及缴送率、缺采率、误采率、加工时限、业务统计等方面的专项检查。

［质量规范］

参见第一条中文图书采选工作相关条款。

（1）严格遵守国家图书馆财务制度,账目清楚,请款报账及时,手续和凭证符合财务管理规定。

（2）购书经费统计准确,每年进行经费使用情况分析。

（3）统计工作按照《国家图书馆业务统计规范》执行,业务统计工作要实事求是,准确无误,适时进行有关业务统计分析。

（4）定期进行各项业务工作检查。

第十六条　出版物交换工作

出版物交换工作主要是与国外及台港澳交换单位通过文献交换的方式，获得国家图书馆所需的书、刊、音像制品和电子出版物等资料。工作内容包括与国外及台港澳交换单位的通信联系；交换所需文献的采购、寄发；交换到馆文献的验收、记到，以及交换档案资料管理、工作统计、质量检查等工作。

1. 通信联络

［工作内容］

同世界各国、各地区的交换单位通信联系，发展交换业务，答复海外来函；征订国家图书馆所需海外书刊资料；给交换单位寄发国家图书馆可供交换文献目录；催补国家图书馆缺期的报刊，为对方补充缺期报刊并答复等。

［质量规范］

（1）出版物交换工作遵照《国家图书馆文献采选条例》的规定执行。严格遵循交换原则，了解海外出版动态。

（2）主动征求有关文献采选部门对交换文献的意见，根据选书工作意见和《国家图书馆文献采选条例》的规定，征集海外书刊出版信息。

（3）发往海外的信件由主管人拟稿后，交由组长审核签发。

（4）对海外信函的翻译处理及时准确，一般应在当天完成。业务联系信函及时寄发，不得拖延。

（5）定期检查交换文献，尤其是交换报刊的缺期（卷）情况和交换图书的复本率情况，发现交换文献未到，应及时向交换单位进行查询催补，交换外文报刊的缺期（卷）率不超过2%。

（6）接到对方补充缺期报刊的要求后，积极采取措施予以补齐，并及时答复。

2. 选订

[工作内容]

对交换单位寄来的书刊目录进行挑选,经查重后向对方反馈需求;搜集国内出版信息,制作国家图书馆可供交换文献目录,向交换单位提供。根据对方需求反馈,采购所需书刊。

[质量规范]

(1)执行《国家图书馆文献采选条例》的有关规定,使交换来的文献有较大的使用价值,成为重要的馆藏。

(2)熟悉出版情况,认真调研,采订文献准确无误,误采率图书不超过 0.5%,报刊不超过 0.3%,音像资料、电子出版物不超过 1%。

(3)收到对方寄来的交换目录,一般在一个月内选定并回复。交换单位所需要的图书应在一个月内购齐并寄发。

(4)严格遵守《国家图书馆财务管理办法》及各项财务规章制度,账目清楚,请款报账及时,账单审核清楚无误。

(5)对已订购但未到的文献及时催补。

3. 验收、登记

[工作内容]

对海外寄来的书刊资料进行拆包、分类、登记、记账;完成采访记到、贴条形码、盖馆藏章、写索刊号;分别送科组或相关阅览室。

[质量规范]

(1)验收书刊文献认真、准确;确定入藏范围,不适合流通或入藏的文献应妥善处理。

(2)采选记到程序正确,记到错误率不超过 1%。

(3)记到后的文献及时送交有关部门,并按规定履行交接手续。

(4)统计工作按照《国家图书馆业务统计规范》执行,内容包括收到书刊文献的类型、种册、价格及复本数量等,要求统计及时、清楚、准确,适时进行有关业务统计分析。

4. 文献寄发

［工作内容］

交换用书刊文献的检验、分类、上架、下架、称量、打包、贴签和寄发,建立各种寄发记录,交换书刊库房管理等工作。

［质量规范］

(1)根据交换单位要求及时按期、准确地寄发书刊。

(2)寄发书刊的包装坚固、整洁、标签清楚,规格和重量符合邮局的规定。

(3)寄发记录数据准确完备。

(4)库房管理规范、整洁、有条理,文献分类清楚、摆放整齐。

5. 经费管理、业务统计及报关辅助工作

［工作内容］

全年交换经费的预算和统计,办理请款报账手续,业务工作统计及协助办理报关手续。

［质量规范］

(1)对全年的交换经费进行合理预算,使经费得到最有效的使用。

(2)认真填写书刊资料请款报账单和收到海外寄来书刊资料统计单、交换业务工作统计报表。根据海关报关要求,准备寄发和领取国际邮件的相关材料。填写报账单、统计单、业务报表和报关手续准确、清楚、实事求是,并进行核查。

(3)当月账目月底之前报完。

(4)统计工作按照《国家图书馆业务统计规范》执行,统计单和业务报表每月填写一次,适时进行有关业务统计分析。

(5)相关报关手续按照海关规定办理,出口每月办理一次,进口每季度办理一次。

第十七条　中文资料采选

国内非正式出版物(主要包括人文社科类会议文献、研究报告、民间诗文集和资料汇编)的征集、选购和接受捐赠等项采选工作。

1. 征集

[工作内容]

根据中文资料的采选范围,开展中文非正式出版物文献资源调查,积极建立并不断拓宽与国内非正式出版物来源机构(如国家级重点人文社科类学会、协会、研究会,副省级以上政府部门及科研院所,重点高校,民间研究团体及个人)的联系网络,组织有重点、系统地征集国内非正式出版物。

[质量规范]

(1)收集信息:通过各种途径广泛收集非正式出版文献的出版信息及其来源机构或个人的联络信息,建立数据库,并及时更新。

(2)通过电话、信函、走访、电子邮件等形式,定期与非正式出版物的重点来源机构及个人保持联系,重点机构和个人的文献应尽量系统征集。

(3)关注国内非正式出版物出版情况,每年度向科组和部门提交国内非正式出版物出版动态及国家图书馆征集情况的报告。

(4)对各种信函要及时处理、分类管理,不得丢失。

2. 购买

[工作内容]

根据书商提供的书目进行非正式出版物的初选,对拟订购的非正式出版物进行查重、选订、建立订单和发订。

[质量规范]

(1)根据《国家图书馆文献采选条例》的规定,结合书商提供的书单,选择符合要求的非正式出版物。

(2)查重。通过著者、题名等项目查对数据库及以往订单目录,以确定是否已订购。对有疑问的非正式出版物,应与书商核对订购记录,避免重复采购。

(3)订单内容录入准确,应包括题名、出版者、出版时间、开本和页码等。

（4）各类书目资料应归类留存，以便查阅。

3. 受赠

［工作内容］

接待到馆捐赠非正式出版物的团体和个人，接收邮寄到馆和其他部门转来的非正式出版物，回复和应答捐赠者的电话或来信，对捐赠的非正式出版物进行审读、验收并办理接受捐赠手续。

［质量规范］

（1）接待来访者和应答捐赠咨询电话态度要热情，收到邮包或来信应及时回复，对各种信函处理后应分类管理，妥善保存。

（2）对捐赠的非正式出版物进行审读、查重和验收。对确认入藏的非正式出版物办理接收手续。

（3）在赠书登记表中详细记录捐赠情况，内容包括接收日期、文献名称及数量、捐赠者及捐赠者地址、邮编、电话、赠送方式（直送、邮寄、转交等）、经手人、回函编号等。内容填写齐全、清楚。

（4）接受捐赠的文献应在登记之日起5个工作日内向捐赠者寄发"捐赠证书"或"感谢函"。受赠文献中含有正式出版文献或与馆内其他收藏单位交叉的非正式出版文献，经与捐赠者说明后，在5个工作日内转给相应部门。

（5）捐赠文献登记表（含清单）及捐赠者签订的"捐赠协议书"一同归档，并于次年移交馆档案室进行长期保存。

4. 验收、登记

［工作内容］

征集或购买文献到馆后取包、拆包、验收、填发收书回执，验收完毕后进行查重、记到、盖馆藏章、贴条形码。

［质量规范］

（1）征集或购买的非正式出版物到馆后，拆包逐一核对种、册数量，如发现种册数不符、缺页等问题及时与文献来源单位或供书商核查。

（2）验收错误率不超过1%。

（3）进行馆藏记到，馆藏章一般盖在题名页中偏下空白处，盖章位置准确、清楚。条形码一般贴在题名页馆藏章下的空白处。如无题名页或题名页颜色较深时馆藏章应顺延到下页（摘要、目录页），条形码也应同时顺延。

（4）登记错误率不超过1%。

（5）保密非正式出版物，严格按照国家有关的保密条例进行登记，单独存放。

（6）全部登记完后的非正式出版物及时移交下一工作流程，不得有积压。

5. 经费管理、业务统计、采选管理

［工作内容］

分别统计征集、购买的各类非正式出版物的数量；办理购买非正式出版物的报账手续；进行采选工序各工作环节的质量检查，以及加工时限、业务统计等方面的专项检查。

［质量规范］

（1）每月做好非正式出版物的采选统计和上报工作。

（2）严格按照国家图书馆有关图书购买经费的规定，合理使用购书经费，遵守财务制度。严格管理支票，账目清楚无误。

（3）统计工作按照《国家图书馆业务统计规范》执行，统计单和业务报表每月填写一次，要求统计及时、清楚、准确，适时进行有关业务统计分析。

（4）定期进行各项业务工作的检查、考核。

第三章 文献编目工作

第一条 定义

文献编目是针对不同载体形式的中外文图书、期刊、报纸和电子出版物、缩微文献、音像制品等进行文献形式特征和内容特征的描述与揭示,编制书目型与规范型机读数据,及数据维护与更新工作。

第二条 中文文献编目

中文文献(包括专著类文献、学位论文、视听文献、电子出版物等)编目与数据库维护工作主要包括:著录、标引、规范控制、数据库维护等工作,及文献交接、质量检查、工作量统计和工作管理等辅助管理工作。

1. 著录

[工作内容]

在文献记到的基础上,对入藏文献进行数据查重或公务目录查重后,依据《中国文献编目规则》(以下简称《编目规则》)和《中国机读目录格式使用手册》(以下简称《机读目录格式》)的相关规定编制MARC格式机读书目数据。

[质量规范]

(1)依据《编目规则》和《机读目录格式》的相关规定完成在编文献题名与责任说明项、版本项、出版发行项、载体形态项、丛编项、附注项、标准编号(或代替号)与获得方式项的著录工作。根据文献类型完成CNMARC记录头标区与编码信息块的著录工作,根据文献内容撰写内容提要。

(2)按主要信息源和规定信息源的要求选择各著录项目。

(3)依据文献类型和文献内容著录各字段标识符、指示符、子字段代码,字段、子字段内容;著录项目齐全。

(4)正确填写各著录项目和著录单元,严格执行相关著录规则和著录格式使用手册的规定,不得遗漏著录项目。

(5)根据文献内容撰写内容提要。内容提要达到内容揭示准确、简明,无错漏字。

(6)对丛书、多卷书、再版书等文献,注意前后著录标准的一致性、连贯性。

(7)著录完毕应进行自校,确保著录的每条书目数据项目齐全,无遗漏、无差错。

(8)错误率不超过 8%。

2. 著录审校

［工作内容］

根据不同文献的特点,对已著录的文献进行书目数据格式、著录项目及著录内容的审校、检查工作。

［质量规范］

(1)依据《编目规则》和《机读目录格式》的要求对著录情况进行校对,确保按规定信息源选取各著录项目和著录单元,数据完整、准确,著录项目和著录单元无遗漏,数据内容中标识、代码、文字著录无误。检索字段规范。

(2)按详细级次著录主要项目和全部选择项目;著录项目和著录单元完整、规范,标识符使用正确。

(3)遵循客观著录原则,不随意简化、更改、颠倒顺序或遗漏各著录项目。确保数据格式正确、著录完整和数据唯一。

(4)对丛书、多卷书、再版书、合订册及无总题名图书的著录方式选择合理,确保前后著录标准一致、连贯;有检索意义的相关题名著录无遗漏或重复。

(5)内容提要的内容揭示准确到位、简明,无错漏字。

（6）附注内容著录完整、不丢失，内容文字简洁明了，尽量采用固定导语和规范用语。

（7）对各著录环节发现的错误，及时通知校对、著录人员改正，确保数据质量。

（8）审校后的错误率不超过2%。

3. 分类和主题标引

[工作内容]

完善已著录文献的各个必备字段。依据《中国图书馆分类法》，对文献进行分类，提供分类号、种次号或著者号。依据《中国分类主题词表》对文献进行主题标引。

[质量规范]

（1）依据《编目规则》和《机读目录格式》，正确著录、完善文献的各个必备字段，以保证数据完整和准确。

（2）按照标引规则，以文献内容的科学属性为主要标准，以地区、国家、民族、时代、形式等特征为辅助标准进行分类，提供的分类号准确、专指，同类同内容、多卷册、多版次文献类号一致。

（3）分类时，应分入下位类、需要进行仿分或复分的文献，不应随意分入上位类和不进行仿分和复分。文献的分类准确、到位；仿分、复分及类号组合合理。分类号书写形式完全依照分类表的书写形式和规定书写，不随意改变。

（4）掌握好分类号在组配复分时的加"0"规则，防止出现重号、错号。

（5）依文献内容选用规范的检索语言提供主题标引，主题词专指并与文献内容相互对应，主题标引记录准确、无遗漏。

（6）主题词表中的词不足以揭示文献的内容主题时，可采用非控主题词揭示文献的内容主题。

（7）新编制的名称规范数据力求内容正确，不遗漏重要信息，确保规范数据中标目的唯一性。

（8）保证新到图书编目工作不产生积压。

(9)错误率不超过8%。

4. 分类和主题标引审校

［工作内容］

依据编目规则、著录格式、分类和主题标引规则,对书目数据、分类、主题标引进行审校和修改工作。

［质量规范］

(1)按《中国分类主题词表》《中国图书馆分类法》等对标引情况进行校对,确保文献分类标引和主题标引准确、专指;同类同内容文献标引一致,无差错;文献编目的必备项目齐全、准确、无误、无遗漏。

(2)提供的分类号、仿分、复分或需作互见的分类号准确、到位;分类号书写形式规范;确保分类标引不重号、错号。

(3)对多主题、多学科文献提供的主要分类号和互见分类号到位,以达到从多学科、多角度、多途径、多方面描述和揭示文献主题内容的目的。

(4)选用的主题标引是词表中与文献内容相对应、最专指的主题标引;主题概念的提炼准确、全面,确定文献潜在的用途和隐含概念不遗漏;主题标引不过度,同主题、同学科文献的主题标引一致。

(5)校对后的错误率不超过2%。

5. 规范控制

［工作内容］

中文图书依据《中国机读规范格式使用手册、中文图书名称规范数据款目著录规则、中文图书主题规范数据款目著录规则(合订本)》制作名称规范(个人、团体、会议、统一题名)与主题规范数据。对已建立名称规范记录的著作进行核实、考证,实现与书目数据的连接。

［质量规范］

(1)严格执行相关名称规范款目著录规则和机读规范格式,名称规范数据和主题规范数据的形式符合规范形式。

(2)书目数据与名称规范数据连接无误,书目记录(7×× 、6×× 、5××

字段)中的标目与规范记录一致;新编制的名称规范记录符合要求。

(3)依据规范数据款目著录规则和机读规范格式,维护已有的名称规范及主题规范记录,及时补充相关信息,完整、不遗漏。

(4)书目数据和规范数据的主要检索点及数据的完整和一致。

(5)名称标目错误率不超过5%。

6. 规范控制审校

[工作内容]

依据相关规则,对已建立或者挂接名称规范记录和主题规范记录,以及规范记录与书目记录的连接进行审核和修改。

[质量规范]

(1)严格执行相关名称规范款目著录规则和机读规范格式,确保名称规范数据和主题规范数据的形式是规范形式,不重复。

(2)书目数据与名称规范数据连接无误,书目记录(7××、6××、5××字段)中的标目与规范记录一致;新编制的名称规范记录符合要求。

(3)依据规范数据款目著录规则和机读规范格式,维护已有的名称规范记录,及时补充相关信息,完整、不遗漏,确保规范数据质量。

(4)书目数据和规范数据挂接准确,主要检索点及数据完整和一致。

(5)名称标目错误率不超过2%。

7. 数据总审

[工作内容]

严格依据编目规则、著录格式、分类和主题标引规则,对书目数据(包括分类、主题标引、著录格式等项目)及书目的规范形式进行最终审核,对发现的错误总结分析,提请相关人员改正。

[质量规范]

(1)严格按规定信息源选取各著录项目和著录单元。正确使用书目数据著录项目和著录单元完整、规范的标识符。责任者检索点均为规范记录。

（2）丛书、多卷书、合订书及无总题名文献的著录方式选择合理，著录方法正确；有检索意义的相关题名无遗漏或重复著录。

（3）记录头标中记录状态、执行代码、记录附加定义等各字符位的填写与文献类型和记录状态相符。

（4）100 字段（通用处理数据）、101 字段（著作语种）、105 字段（专著编码数据）及 115（录像资料等编码数据）、126（录音资料编码数据）、135（电子资源编码数据）中的重要数据元素选取正确，与相关字段间的对应关系无误。

（5）附注内容揭示准确到位、简明，无错漏字。

（6）内容提要的撰写内容简明扼要，无错漏字。

（7）分类标引符合标引规则，分类号提供准确、到位，不重号、错号。

（8）主题标引记录准确、无遗漏，达到全面描述和揭示文献主题内容的目的。

（9）对各环节发现的错误，及时通知校对、分编人员改正，确保书目数据分类号和主题标引准确、规范，著录项目完整和数据唯一。

（10）确保中文书目数据的质量。总校后的标引错误率不超过 1%，书目数据综合错误率不超过 2%（按条目）。

8. 数据库维护

［工作内容］

根据在编文献的实际情况以及数据使用中各渠道的反馈信息，对已经建立的书目数据库以及名称规范和主题规范数据库中数据进行日常维护与改错，以保证数据库中数据的正确性、一致性与完善性。

［质量规范］

（1）定期对书目数据库、名称规范库和主题规范库中的数据进行维护。

（2）能够及时准确地发现、判断并修改数据中的各种错误，做到改错及时，无遗漏；建立改错记录档案；同时把发现的问题反馈给相关工作人员。

(3)保证修改后的数据与源文献保持一致。

(4)做到修改后的数据单册信息、馆藏记录准确无误。

(5)与校对和总审校保持经常性的交流,就有关业务规范和业务工作中发现的问题提出改进性意见和建议。

(6)确保书目数据质量。维护后书目数据的综合错误率不超过0.2%(按条目)。

(7)缩微中心数据库维护还包括:

缩微中心所有书目数据的汇总、统计、备份和批处理,对缩微品书目数据的安全负责(国家图书馆计算机集成管理系统的数据除外)。

缩微中心和拍摄馆上缴的所有书目数据的格式转换,向计算机集成管理系统输送经转换校对后所有合格的缩微品书目记录,做到数据不积压。

进行缩微品书目数据的业务咨询和业务培训,指导本部门和各拍摄馆的缩微品书目数据制作工作。

根据缩微中心的工作任务,为各生产环节提供书目数据的技术支持,并为缩微品的推广使用提供书目数据的支持。

9. 编目工作统计

[工作内容]

定期统计已编目文献的种、册总量,填写业务报表,报送业务主管部门。

[质量规范]

统计工作按照《国家图书馆业务统计规范》执行,业务统计要实事求是,准确无误,字迹清晰,各统计项目填报齐全,适时进行有关业务统计分析。

10. 编目工作管理

[工作内容]

按有关业务规定,对编制的数据进行质量检查,该项任务由编目科组的负责人负责组织,并撰写质量检查报告,上报主管领导。

［质量规范］

（1）根据《中国文献编目规则（第二版）》《新版中国机读目录格式使用手册》《中国图书馆分类法》《中国分类主题词表》《中国机读规范格式使用手册、中文图书名称规范数据款目著录规则、中文图书主题规范数据款目著录规则（合订本）》等有关规定及其修改条款，结合文献信息著录与标引领域的国际与国家标准进行编目各环节工作及质量检查，每月至少进行一次。

（2）著录错误率不超过2%，书目数据综合错误率不超过2%。

（3）编目、标引的错误率不超过1%。

（4）名称标目错误率不超过1%。

（5）每次检查的数据量至少应达到当月编制数据总量的5%。

11. 文献交接

［工作内容］

文献验收、分类、送交相关部门及文献管理。

［质量规范］

（1）严格履行交接手续，从采访环节接收文献时，应依据交接清单进行清点，无误后接交双方交接清单上签字确认，交接单所填项目完整、清楚、准确。

（2）文献交接时条形码扫描认真，不出现遗漏；交接工作不出现差错。

（3）在编文献在本工作环节不滞留、不损坏、不丢失。验收、编目完成后及时、准确将文献分送至相关科组或阅览室。

第三条　中文文献加工

中文文献加工包括对中文普通图书、台港图书、学位论文及馆藏其他各种不同类型中文文献的馆藏加工制作。主要工作内容包括建馆藏记录、写书角号、打贴书标、夹磁条、分流、改错等。

1. 文献加工

［工作内容］

按馆方规定在文献的相关部位书写索书号、打贴书标,核对书与数据是否相符,文献分流是否正确;创建馆藏记录。

［质量规范］

(1)记录索书号前,确认文献与馆藏数据相符;无分流错误,发现错误及时改正或退回前一工作环节改正。

(2)制作馆藏数据时不得空号和重号,同一藏书地点的同一种图书(含多卷)只能做一个馆藏记录,不出现重记录或重号,藏书地点标识准确,确保馆藏记录完整。书次号提供正确,单册信息准确、完整、无误。

(3)书标打印正确清晰,打印出的书标经与索书号记录核对后,方可粘贴,粘贴位置准确。

(4)将加工完成的图书按不同藏书地点分类后交校对人员。

(5)每批专著类文献从加工到送库期限不超过 5 个工作日。其他文献执行馆方规定送阅览或送库期限。

(6)文献加工错误率不超过 0.1% 。

2. 夹磁条

［工作内容］

对应加磁条的文献夹贴磁条。

［质量规范］

(1)一般情况下每册图书加磁条一根,500 页以上,或者尺寸小于64 开图书加磁条 2 根。

(2)磁条夹放隐蔽,牢固。

(3)胶水涂抹均匀、不过多;文献上不得滴洒胶水。

3. 粘贴 RFID 芯片

［工作内容］

根据馆方相关规定粘贴 RFID 芯片。

［质量规范］

（1）熟练掌握 RFID 芯片数据转换的相关操作。

（2）粘贴 RFID 芯片的位置要准确。

（3）芯片和图书馆 LOGO 标签应粘贴平整,无皱折和气泡。

（4）芯片不能覆盖主要文字和其他有用标识。

（5）不能写入数据的芯片以及带孔的芯片要求回收,切不可贴到图书(光盘)上。

（6）芯片粘贴位置的不合格率,以及数据写入错误率不超过 0.1%。

4. 上架顺书

［工作内容］

按馆方规定,将加工完毕的图书按规定顺序排列。

［质量规范］

（1）按照不同的分流地点分别上架。

（2）根据不同分流地,按照索书号进行顺书。

（3）顺书及时准确,错误率不高于 0.1%。

（4）顺书到送至下一个环节,每批书不超过 5 个工作日。

5. 文献交接

［工作内容］

按馆方规定,接收或移交未加工或已加工完成的文献,并办理交接手续。

［质量要求］

（1）编目科组接收文献,以及加工科组移送基藏书库和阅览、外借组时应履行严格手续,交接双方在国家图书馆统一制定的接交清单上签字确认。

（2）交接单所填项目完整、清楚、准确。

（3）接交双方在场的情况下将所接收文献的单册处理状态置为接收环节的状态。扫条码处理单册状态认真,不遗漏。

（4）图书、音像资料、电子文献等从登记到送库期限不超过一个月。

6. 流程外图书改错

［工作内容］

对已入库或送阅览室的文献发现的各种数据与书不符、重号或分流错误进行修改与重新加工。

［质量规范］

（1）定期对已经入库但发现有问题的重号或数据与书不符的文献进行改错，不出现新的错误和造成新的重号。

（2）调回分流错误的文献重新进行分流及加工，改正数据单册信息分流错误及分流错误的文献，并及时返送回相关部门。

（3）发现因分流造成的保存本、基藏本缺藏的文献，及时将错分到其他藏书地点的文献补回保存本库和基藏库。

（4）及时处理所发现的错误，不得拖延。

7. 加工工作管理

［工作内容］

由加工科组负责人负责组织对文献加工进行质量检查，撰写质量检查报告书，上报主管领导。

［质量规范］

（1）遵照《国家图书馆业务工作监督考核办法》《国家图书馆业务流程中书刊文献管理暂行办法》等有关规定进行加工环节工作及质量检查。

（2）每月至少进行 1 次检查。

（3）书标、书角号、加磁条错误率不超过 0.2%。

（4）书次号错误率不超过 1%。

（5）每次检查的数据量至少应达到当月加工数据总量的 5%。

8. 加工工作统计

［工作内容］

定期统计已加工文献的种、册总量，填写业务报表，报送业务主管部门。

[质量规范]

统计工作按照《国家图书馆业务统计规范》执行,业务统计要实事求是,准确无误,字迹清晰,各统计项目填报齐全,适时进行有关业务统计分析。

第四条 外文文献编目

外文文献编目与数据库维护工作主要包括:著录、标引、规范控制、数据库维护,及文献交接、质量检查、工作量统计和工作管理等内容。

1. 著录、分类标引

[工作内容]

(1)在文献记到的基础上,对需入藏的外文文献进行 MARC21 格式书目数据编制,创建馆藏,连接单册记录。

(2)对文献进行分类标引,提供分类号、种次号或著者号,有条件的提供主题词。

[质量规范]

(1)利用馆藏数据从不同检索点(题名、ISBN 号、著者、丛编等字段)进行查重,确定文献(新书、复本、续卷或不同版本)的不同处理方式。要求处理方式科学合理,书目数据不重复。

(2)依据《资源描述与检索(RDA)》和《MARC21 书目数据格式》的相关规定,完成在编文献的内容与媒介类型项、题名与责任说明项、版本项、资料或资源类型特殊项、出版、生产、发行等项、载体形态项、丛编项、附注项、标准编号与获得方式项的著录工作。要求书目数据的著录项目齐全准确,无遗漏、无差错。

(3)西文编目依据《资源描述与检索(RDA)》和《西文文献著录条例(修订扩大版)》的相关规定选取检索点,并按照美国国会图书馆规范文档确立受控检索点的规范形式。要求检索点选取科学合理,检索点形式统一规范。其他外文文献编目参照执行。

(4)依据《中国图书馆分类法》类目的设置和使用规则对文献进行分类标引,要求分类号准确、专指。准确分配索书号,避免错号、重号、漏号,多卷书、多版次、内容相似文献尽量保持索书号之间的相关性。

(5)西文编目依据《美国国会图书馆标题表(LCSH)》标引主题。套录编目保证主题与文献内容相符,主题词形式规范。原始编目尽量提供全面、准确、专指的主题词。

(6)馆藏记录无误,单册记录完整、规范,藏书地点标识准确。

(7)标引错误率不超过5%,书目数据综合错误率不超过5%。

2. 著录、分类标引校对

［工作内容］

(1)对已完成分编的文献校对著录项目、检索点选取、检索点形式、馆藏记录、单册记录是否齐全、准确、规范、无误。

(2)审核文献的分类标引和主题标引是否准确、到位。

［质量规范］

(1)所编文献与书目记录相符,遵循客观著录原则,不随意更改、颠倒顺序或遗漏各著录项目,机读书目数据格式正确。

(2)检索点选取科学、齐全、正确,检索点形式规范。

(3)根据分类规则和主题词表的相关规定,确保书目数据分类标引和主题标引准确、专指。

(4)确保文献的著者号或种次号正确,单册和馆藏数据的建立准确无误,书角号与索书号相符。

(5)索书号分配准确,无错号、重号、漏号,多卷书、多版次文献的索书号保持相关性。

(6)对各环节发现的错误,及时指导分编人员改正,帮助分析原因,避免错误重复发生。

(7)校对后的标引错误率不超过2%,书目数据综合错误率不超过2%。

3. 数据总审校

[工作内容]

严格按编目条例、机读格式、分类规则和主题标引规则,对书目数据(包括著录项目、检索点的选取和形式、分类标引、主题标引、馆藏和单册等项目)进行最终抽查校对。

[质量规范]

(1)保证书目数据著录项目和著录单元完整、规范,标识符使用正确。所有受控检索点均为规范形式。

(2)丛书、多卷书、合订书及无总题名图书的著录方式选择合理,著录方法准确。

(3)分类标引符合标引规则。确保分类标引准确、到位,不重号、错号。

(4)主题标引记录准确、无遗漏,达到全面描述和揭示文献主题内容的目的。

(5)对各环节发现的错误,尤其是频繁发生的错误进行总结,分析原因并及时通知校对、分编人员改正,对业务难题提出有建设性的解决方案。

(6)确保外文书目数据的质量。总校后的标引错误率不超过1%,书目数据综合错误率不超过2%(按条目)。

4. 数据库维护

[工作内容]

根据在编文献的实际情况以及数据使用中各渠道的反馈信息,对已经建立的书目数据库的数据进行日常维护与改错。

[质量规范]

(1)及时发现、准确判断并修改数据中的各种错误,做到改错及时无遗漏。建立改错记录档案;同时把发现的问题反馈给相关工作人员。

(2)修改后的数据与源文献保持一致;确保修改后的数据单册信息、馆藏记录准确无误。

(3)与校对和总审校保持经常性的交流,就有关业务工作规范问题提出改进性意见和建议。

(4)保证数据质量。维护后书目数据的综合错误率不超过0.2%。

5. 规范控制

[工作内容]

研究与外文规范控制相关的业务问题,进行书目数据库的标目维护工作。

[质量规范]

(1)确保本地外文数据库中数据的标目形式与对外引进的外部规范数据库的规范记录形式一致。

(2)由规范记录发生变更而产生的书目记录标目维护工作。

(3)辅导编目人员做好名称规范和主题规范工作,对规范控制中出现的问题及时总结,提醒编目和校对人员注意,确保书目数据标目和规范标目的一致性。

6. 编目工作统计

[工作内容]

定期统计编目、加工的不同类型及不同文种文献的种、册总量,填写业务报表,报送业务主管部门。

[质量规范]

统计工作按照《国家图书馆业务统计规范》执行,业务统计要实事求是,准确无误,字迹清晰,统计项目填报齐全,适时进行有关业务统计分析。

7. 编目工作管理

[工作内容]

按有关业务规定,对编制的数据进行质量检查,该任务由编目科组的负责人负责组织,并撰写质量检查报告书,上报主管领导。

[质量规范]

(1)根据现行编目条例、格式标准、分类和主题规则的有关规定进行编目各环节工作及质量检查,汇总各类问题,并按要求撰写质量检查报告,每月至少进行 1 次。

(2)著录错误率不超过 2%,书目数据综合错误率不超过 2%。

(3)编目、标引错误率不超过 1%。

(4)每次检查的数据量至少应达到当月编制数据总量的 5%。

第五条　外文复本、续卷加工

[工作内容]

将经查重后确认的复本、续卷,按编目工作要求,记入相应书目数据,建立单册信息,标识馆藏地点。

[质量规范]

(1)利用馆藏数据或公共目录从不同检索点(题名、ISBN、著者、丛编等字段)进行查重,对文献进行分析以确定文献(复本、续卷)的处理方式,有疑问的文献须进行核对。

(2)处理复本、续卷时,要确保复本、续卷信息及时添加到源记录中,包括书目信息、单册信息和馆藏信息,避免遗漏或重复建记录。

(3)按要求完成书角号书写、打贴书标、夹磁条等各环节辅助性工作。

(4)根据馆方规定将复本、续卷送交有关部门并办好移交手续。

(5)错误率不超过 1%(其中打贴书标、夹磁条等辅助性工作错误率不超过 0.2%)。

第六条　外文文献加工

[工作内容]

接收待加工文献,打、贴书标,夹磁条,粘贴 RFID 芯片,加工完成的文献移交阅览室或书库,并办理交接手续。

[质量规范]

(1)编目科组接收文献,以及加工科组移送基藏书库和阅览室时应严格履行手续,接交双方在国家图书馆统一制定的接交清单上签字确认。

(2)对新送编的文献进行核数、条形码扫描验收、改变单册状态等环节工作;验收中发现条形码与文献不符时,及时反馈并退回前一工作环节改正;确保文献与数据一致。

(3)打印书标,将打印出的书标与索书号核对无误后,方可粘贴。

(4)按要求将书标贴在距书底端2.5厘米处的书脊上,书标要贴牢,错误率不超过0.2%。

(5)磁条应夹贴牢固,不粘书页,不外露,不遗漏,错误率不超过0.2%。

(6)根据馆里相关规定粘贴 RFID 芯片,粘贴位置准确。

(7)加工完成的文献在本工作环节不滞留、不损坏、不丢失。

(8)将加工完成的图书按类别排列,经核对后及时、准确分送至阅览室或库房。

第七条　连续出版物编目

连续出版物编目与数据库维护工作主要包括纸质载体形式的中外文期刊、报纸的编目及其数据库维护与更新工作。

1. 中文期刊、报纸编目及其数据库维护

[工作内容]

(1)中文期刊、报纸编目是指编目人员对未编期刊和报纸进行入藏筛选,然后对入藏的期刊和报纸,在计算机环境下,依据《编目规则》编制 CNMARC 格式的机读书目数据。同时,对中文期刊,根据其出版频率,在管理数据中编制相应的 853 和 853× 字段,给出相应的索取号,建立馆藏数据,并对应入藏的期刊进行首次催缴。对中文报纸只建立相应的馆藏数据。

(2)中文期刊、报纸数据库维护是指对所编制的机读书目数据,根据期刊、报纸后续出版过程中,信息的变化情况对其进行更新与维护。

若期刊、报纸发生更名情况,应重新编制新的书目数据,同时,还应对原数据进行维护与修改。

[质量规范]

(1)对未编目的期刊和报纸进行严格的入藏筛选,不属于入藏范围的期刊、报纸应与出版单位联系退回事宜。

(2)在编制新的书目数据前,应核对出版物历史并进行查重,保证数据的唯一性,确保不产生重数据。

(3)数据制作按照国家图书馆有关中文连续出版物的编目规则与格式进行编制。

(4)依据《中国图书馆分类法》《中国分类主题词表》对所编文献进行分类与主题标引。当主题词表上的词不足以揭示文献的内容主题时,允许采用非控主题词来揭示文献内容主题。

(5)对具有独立题名和连续性编号的期刊、报纸的副刊、增刊要单独编目。

(6)书目数据编制完毕后,中文期刊应根据文献的出版频率,按照要求编制相应的853与853×字段。

(7)按国家图书馆的有关规定给出相应的索取号,建立馆藏数据。为使更名前后的期刊、报纸在架位上能排放在一起,后名刊、报应尽量沿用前名的索取号。

(8)应根据期刊、报纸的出版变化情况对数据库中已编的数据进行及时维护与更新。对未发生更名情况的文献,应根据其出版过程中信息的变化情况,如ISSN号、统一刊号、邮发号、出版地、出版者、主办单位以及出版频率等,及时对其书目数据进行维护与更新,保证数据库的适时更新。对出版频率发生变化的期刊,除对其书目数据进行维护与更新外,还应对其匹配的管理数据中的853和853×字段进行维护与更新。

(9)对已发生更名的文献,按照编目规则编制新的书目数据,同时对原数据进行维护,用连接字段对相关书目数据进行连接。

(10)要求编目人员定期清理待编刊报,不得有积压。书目数据、馆藏数据以及管理数据的错误率不超 2%。

（11）编目工作依据:《文献著录第 3 部分:连续性资源》《中国文献编目规则》《新版中国机读目录格式使用手册》《中国图书馆分类法》《中国分类主题词表》等。

（12）依据《关于加强涉密文献、内部发行文献管理的通知》要求,对相关的书目数据增加 STA 字段。

2. 中文期刊、报纸数据总审校

［工作内容］

按编目规则、机读格式、分类规则和主题标引规则,对书目数据（包括著录项目、检索点的选取和形式、分类标引、主题标引、馆藏和单册等项目）进行最终抽查校对。

［质量规范］

（1）依据编目规则和机读格式的要求对著录情况进行校对,确保按规定信息源选取各著录项目和著录单元,数据完整、准确,著录项目和著录单元无遗漏,数据内容中标识、代码、文字著录无误。检索字段规范。

（2）按详细级次著录主要项目和全部选择项目;著录项目和著录单元完整、规范,标识符使用正确。

（3）遵循客观著录原则,不随意简化、更改、颠倒顺序或遗漏各著录项目。确保数据格式正确、著录完整和数据唯一。

（4）对丛刊、多版本刊的著录方式选择合理,确保前后著录标准一致、连贯;有检索意义的相关题名著录无遗漏、不重复。

（5）数据单册信息、馆藏记录准确无误。

（6）附注内容著录完整、不丢失,内容文字简洁明了,尽量采用固定导语和规范用语。

（7）对各著录环节发现的错误,及时通知校对、著录人员改正,确保数据质量。

（8）审校后的错误率不超过 1%（按条目）。

3. 外文期刊、报纸编目及其数据库维护

[工作内容]

(1)外文期刊、报纸编目是指编目人员对未编期刊和报纸进行入藏筛选,然后,对入藏的外文期刊和报纸,在计算机环境下,依据《西文文献著录条例》编制 MARC21 格式的机读书目数据。同时,对外文期刊,根据其出版频率,在管理数据中编制相应的 853 和 853× 字段,给出相应索取号,并建立馆藏数据,同时应做第一次记到;对外文报纸应给出相应索取号并建立相应馆藏数据。

(2)外文期刊、报纸数据库维护是指对所编制的机读书目数据,根据期刊、报纸随后出版信息的变化情况对其进行更新与维护,若期刊、报纸发生更名情况,应重新编制新的书目数据,同时应对原数据进行维护。

[质量规范]

(1)对未编目的期刊和报纸进行严格的入藏筛选,对不属于入藏范围的期刊、报纸应交给采访人员处理。

(2)在编制新的书目数据前,应核对出版物历史并进行查重,保证数据的唯一性,确保不产生重数据。

(3)数据制作严格按照国家图书馆有关外文连续出版物的编目规则与格式进行编制。

(4)依据《中国图书馆分类法》对所编文献进行分类标引。

(5)具有独立题名和连续性编号的期刊、报纸的副刊、增刊要单独编目。

(6)对须屏蔽的书目数据,应按要求著录设定屏蔽的字段(STA 字段)。

(7)书目数据编制完毕后,外文期刊应根据文献的出版频率,按照要求编制相应的 853 与 853× 字段。

(8)按国家图书馆的有关规定给出相应的索取号,建立馆藏数据。给外文期刊分配索取号时,分编人员要全面考虑索取号的分布,避免出现容纳不进新刊的情况产生。

（9）根据期刊、报纸的出版变化情况对数据库中已编的数据进行及时维护与更新。对未发生更名情况的文献，应根据期刊、报纸出版信息的变化情况，如出版信息、责任者信息以及出版频率等信息，对其书目数据进行维护与更新，保证数据库的适时更新。对出版频率发生变化的期刊，除对其书目数据进行维护与更新外，还应对其匹配的管理数据中的 853 和 853× 字段进行维护与更新。

（10）对已发生更名的期刊、报纸，按照编目规则编制新的书目数据，同时还应对原数据进行维护，用连接字段对相关书目数据进行连接。

（11）要求编目人员定期清理待编刊报，不得有积压。书目数据、馆藏数据以及管理数据的错误率不超 2%。

（12）编目工作依据：《西文文献著录条例》《国家图书馆外文文献编目手册》《中国图书馆分类法》和《国家图书馆业务工作监督考核办法》等。

4. 外文期刊、报纸数据总审校

［工作内容］

严格按编目规则、机读格式、分类规则和主题标引规则，对书目数据（包括著录项目、检索点的选取和形式、分类标引、主题标引、馆藏和单册等项目）进行最终抽查校对。

［质量规范］

（1）依据编目规则和机读格式的要求对著录情况进行校对，确保按规定信息源选取各著录项目和著录单元，数据完整、准确，著录项目和著录单元无遗漏，数据内容中标识、代码、文字著录无误。检索字段规范。

（2）按详细级次著录主要项目和全部选择项目；著录项目和著录单元完整、规范，标识符使用正确。

（3）遵循客观著录原则，不随意简化、更改、颠倒顺序或遗漏各著录项目。确保数据格式正确、著录完整和数据唯一。

（4）对丛刊、多版本刊的著录方式选择合理，确保前后著录标准一致、连贯;有检索意义的相关题名著录无遗漏、不重复。

(5)数据单册信息、馆藏记录准确无误。

(6)附注内容著录完整、不丢失,内容文字简洁明了,尽量采用固定导语和规范用语。

(7)对各著录环节发现的错误,及时通知校对、著录人员改正,确保数据质量。

(8)审校后的错误率不超过1%(按条目)。

第八条　连续出版物合订与合订本单册挂接

连续出版物的合订与合订本单册挂接工作是指纸质载体形式的中、外文期刊(含海外及台港澳地区中文期刊),中、外文报纸(含海外及台港澳地区中文报纸)的下架装订,以及合订本进行单册挂接工作。

1. 中、外文期刊合订与合订本单册挂接

[工作内容]

按期刊年代、卷期排序下架,并按合订本厚度的要求分册。检查缺期情况,并做缺期记录。填写装订单一式两份、将待装期刊打捆,录入打印装订清单一式两份、办理送装手续后,将合订本送装订厂。整理中文期刊现刊库库房与外文期刊阅览室的架位。对装订回馆的合订本进行验收。将合订本按照索刊号排序、逐册合订本贴条形码,按要求进行单册挂接,并送保存本库、基藏库入藏。清理遗留问题,处理积压期刊,拆装,改错等。

[质量规范]

(1)要求下架的合订本有序不错乱,每册厚度为2至3厘米,装订单必须填写刊名、索刊号、该合订本的期刊出版年月、卷期,填写内容必须与原刊完全相符。

(2)做好缺期统计,若有缺期情况,应通知采访与记到人员进行催缺,待补齐后再下架装订。有缺期情况原则上不能下架装订,但经多次催缺确实补不到刊的情况下可以做缺期装订。

（3）对已装订回馆的合订本应进行数量与质量的验收,保证送装期刊不丢失,不发生倒装、切字、内外题名卷期不符、封面颜色不均和错色、烫错字、装订线过紧或过松等装订质量问题,保证合订本装订错误率不超过2%。

（4）合订本单册挂接时要与期刊 MARC 书目数据进行核对,保证刊名、出版地、出版年代、卷期与 MARC 数据相符,核对无误后再进行单册挂接。条形码粘贴要规范;单册数据要保证内容齐全准确,错误率不超过1%。

（5）发现分编和记到存在的问题,要及时通知编目和记到人员进行改错。

（6）保证合订本在规定期限内入库,中文期刊自下架装订到入库期限为4个月,外文期刊3个月。合订本入库按规定办理入库手续。

（7）工作依据:国家图书馆有关粘贴书标、磁条和条形码的规则规范,《国家图书馆业务工作监督考核办法》等。

2. 中、外文报纸合订与合订本单册挂接

［工作内容］

将经过记到处理的报纸进行整理,按合订本厚度的要求分册打捆,逐册贴条形码,进行单册挂接,打印并粘贴装订单。待全年报纸到齐后,对照记到卡片,根据装订单提供的信息按报纸年代、月份与日期排序下架。填写下架登记单并打印出装订明细单,将待装报纸送装订厂装订。检查缺期情况,做缺期记录。对装订回馆的合订本进行验收,并送报纸库房入藏。

［质量规范］

（1）要求装订单与原报纸完全相符,如报名、条码、索报号、装订范围等信息应准确无误。

（2）要求下架的合订本无错乱次序,每册合订本厚度要求3至4厘米。

（3）装订明细单内容应包括索报号、地区、报名、装订范围、册数、开本。

（4）做好缺期统计，若有缺期情况，应通知采访与记到人员进行催缺，待补齐后再下架装订。有缺期情况原则上不能下架装订，经多次催缺确实补不到的情况下可以做缺期装订。

（5）对已装订回馆的合订本应进行数量与质量的验收。保证送装报纸不丢失，不发生倒装、切字、内外题名卷期不符、封面颜色不均和错色、烫错字、装订线过紧或过松等装订质量问题，合订本装订错误率不超过 2%。

（6）合订本单册挂接时要与报纸 MARC 书目数据进行核对，保证报名、出版地、出版年代、卷期与 MARC 数据相符，核对无误后再进行单册挂接，单册数据要保证内容齐全准确，错误率不超过 1%，条形码粘贴要规范。

（7）发现分编和记到存在的问题，要及时通知编目和记到人员，及时改正错误。

（8）保证合订本在规定期限内入库，报纸自下架装订到合订本入库期限为 5 个月。

（9）工作依据：国家图书馆有关粘贴书标、磁条和条形码的规则规范，《国家图书馆业务工作监督考核办法》等。

第九条　古籍与特藏文献编目

善本古籍、普通古籍、新善本、名家手稿、精装精印、古籍缩微胶卷、少数民族语文文献、敦煌资料、金石拓片、舆图、照片和古旧年画等类文献的编目、数据库维护等工作。工作环节包括：数据制作、分编、校对、数据库维护、打印或书写书签、打印卡片及排片等。

1. 古籍与特藏文献著录、分类标引及主题标引

［工作内容］

（1）依据《编目规则》《机读目录格式》和普通古籍 MARC 数据制作规定等相关规定编制 MARC 格式机读书目数据。创建馆藏，连接单册记录。

(2)依据《中国图书馆分类法》或四部分类法等,对馆藏善本古籍、普通古籍等各类文献进行分类标引,提供分类号、种次号或著者号;依据《中国分类主题词表》对文献进行主题标引。

［质量规范］

(1)分编前,在系统内对各不同类型文献资料进行查重,凡与原藏文献资料的题名、责任者、出版者、出版年等项目完全相同的文献作为复本处理(善本古籍除外),并添加单册记录。

(2)依据最新版《中国文献编目规则》和《中国机读目录格式使用手册》,结合《汉语文古籍机读目录格式使用手册》《测绘制图资料机读目录格式使用手册》《中文拓片机读目录格式使用手册》等相关规定完成在编文献题名与责任说明项、版本项、出版发行项、载体形态项、丛编项、附注项、标准编号(或代替号)与获得方式项的著录工作。完成 CNMARC 记录头标区与编码信息块的著录工作。

(3)从卷端、尾题、目录、凡例、序、跋、版心、内封面、原印书签、牌记等信息源选取文献的正题名。如从其他参考书目中选取,应在附注项加以说明。

(4)如有必要,纂修年、语种、地区等信息可著录于正题名之后,并置于方括号内。古籍书名项的著录除书名外(书名中所含数字应采用汉字形式表示),应包括卷数(卷数是检查一书全、缺、版本异同的重要根据)。

(5)责任者说明项须在著者姓名前注明著者的朝代,并用圆括号括起,依信息源照录。历代帝王的作品,应选取其本名及其庙号进行著录。外国人著的书,应将其国别著在(国别加括号)著者姓名前。经常使用的著作方式包括:撰(著)、编、辑、注、修、纂、敕编等。

(6)根据文献的不同版本类别,将文献的稿本、写本、抄本、刻本、翻刻、重刻、活字本(木、铜、泥)、摹拓本、石印、铅印、影印、珂罗版印本、钤印本等著录在版本项。

(7)将文献的卷、册(函)数、图、书型(除线装外的特殊装帧形式:蝴蝶装、包背装、毛装、卷轴装)、附件(数量)等著录在载体形态项。

（8）正确填写各著录项目和著录单元，严格执行相关著录规则和著录格式使用手册的规定，确保著录的每条书目数据项目齐全，著录格式准确，字段标识符、指示符、子字段代码、数据内容、标点符号等正确，著录项目无遗漏、无差错。使用规范的繁体汉字著录。

（9）依据《中国图书馆分类法》、四部分类法（要求分类到三级）、《中文普通线装书分类表》等分类，以文献内容的科学属性为主要标准，以地区、国家、民族、时代、形式等特征为辅助标准进行分类标引，提供分类号、种次号或著者号。

（10）同类同内容文献类号一致，文献的分类标引准确、到位；仿分、复分及类号组合合理。无错号、重号、漏号。书名中及书名后的卷册、种数等应用汉字数码著录，其他项目中的数字用阿拉伯数字著录。

（11）新善本、精装精印等文献，严格按《中国分类主题词表》及《汉语主题词表》规则标引主题；选用主题词表中与文献内容主题相对应、最专指的主题词做主题标引。

（12）对在著录字段中不能描述但又应予以说明的各种解释性文字均在附注项进行补充说明。

（13）对需配置卡片目录的文献做到编目卡片及数据著录项目齐全，提要备考基本规范，错误率不超过8%。

（14）书签打印或书写清晰、准确无误。

（15）卡片打印清晰，排片准确，各套目录完整，错误率不超过0.1%。

（16）保证古籍安全，按期移交编竣古籍，做到手续清楚、环节畅通，保证新到各类文献编目工作没有积压。

2. 古籍与特藏文献著录、分类标引及主题标引校对

［工作内容］

严格依据编目规则、著录格式、分类标引和主题标引规则，对书目数据（包括分类标引、主题标引、著录格式等项目）及书目的规范形式进行校对审核，对发现的错误总结分析，提请相关人员改正。

［质量规范］

（1）依据《机读目录格式》的要求，按规定信息源选取各著录项目和著录单元，遵循客观著录原则，不随意简化、更改、颠倒顺序或遗漏各著录项目；书目数据中标识符、指示符、子字段代码、数据内容等无差错。确保数据的完整和唯一。

（2）检索字段规范，检索点选取齐全；分类及主题标引准确、专指；同类同内容文献标引一致，无差错；单册和馆藏数据的建立准确无误。

（3）分类标引时，应分入下位类、需要进行仿分或复分的文献，不应随意分入上位类和不进行仿分和复分。仿分、复分及类号组合合理。

（4）提供的分类号、仿分、复分或需作互见的分类号准确、到位；分类号书写形式规范；确保分类标引不重号、错号。

（5）对多主题、多学科文献提供的主要分类号和互见分类号到位，以达到从多学科、多角度、多途径、多方面描述和揭示文献主题内容的目的。

（6）选用的主题标引是词表中与文献内容相对应、最专指的主题标引；主题概念的提炼准确、全面，确定文献潜在的用途和隐含概念不遗漏；主题标引不过度，同主题、同学科文献的主题标引一致。

（7）内容提要的内容揭示准确到位、简明，无错漏字。

（8）标引错误率不超过 2%，书目数据综合错误率不超过 2%。

3. 数据库维护

［工作内容］

根据在编文献的实际情况以及数据使用中各渠道的反馈信息，对所做的书目数据进行日常维护与改错，以保证数据库中数据的正确性、一致性与完善性。

［质量规范］

（1）定期对书目数据进行维护。

（2）能够及时准确地发现、判断并修改数据中的各种错误，做到改错及时，无遗漏；建立改错记录档案；同时把发现的问题反馈给相关工作人员。

（3）保证修改后的数据与实际文献保持一致。

（4）做到修改后的数据单册信息、馆藏记录准确无误。

（5）确保书目数据质量。维护后书目数据的综合错误率不超过1%（按条目）。

4. 编目工作统计

［工作内容］

定期统计经处理、加工各种文献的种、册总量，填写业务报表，报送业务主管部门。

［质量规范］

统计工作按照《国家图书馆业务统计规范》执行，业务统计实事求是，准确无误，字迹清晰，各统计项目填报齐全，适时进行有关业务统计分析。

5. 编目工作管理

［工作内容］

按有关业务规定，对编制的数据进行质量检查，该项任务由编目科组的负责人负责组织，并撰写质量检查报告书，上报主管领导。

［质量规范］

（1）根据《国际标准书目著录（专著）》《中国文献编目规则》《新版中国机读目录格式使用手册》《中国图书馆分类法》、四部分类法、《中文普通线装书分类表》《中国分类主题词表》及《汉语主题词表》《中国分类主题词表》标引手册、《WH/T 15—2002 中国机读规范格式》《中国机读规范格式使用手册、中文图书名称规范数据款目著录规则、中文图书主题规范数据款目著录规则（合订本）》等有关规定进行编目各环节工作及质量检查，每月至少进行 1 次。

（2）著录错误率不超过 2%，书目数据综合错误率不超过 2%。

（3）编目、标引的错误率不超过 1%。

（4）名称标目错误率不超过 1%。

（5）每次检查的数据量至少应达到当月编制数据总量的 5%。

第四章　读者服务工作

第一条　定义

读者服务工作包括读者证卡发放与管理、阅览服务、外借服务、馆藏文献复制服务及社会教育拓展等。

第二条　证卡发放与管理

1. 证卡发放与管理

［工作内容］

根据读者的不同需求和办证规定，发放及管理证卡。包括解答咨询问题，辅导读者正确办卡和使用卡；办理各种读者卡的发放、加减功能、注册、挂失、补办、置停、个人密码恢复等；办证、充值自助服务设备的使用辅导和日常维护；完成相关工作统计。

［质量规范］

（1）严格遵守《国家图书馆员工文明行为规范》《国家图书馆业务工作监督考核办法》中的相关规定。

（2）严格执行《国家图书馆读者证卡管理办法》《国家图书馆基藏库入库证和参考咨询工作证管理办法》，不得违规办理。

（3）熟悉办证规定，准确、耐心解答读者有关办卡和使用卡的咨询，辅导读者正确办卡和使用卡。

（4）办理证卡：根据读者的需求和办证规定，规范办理各种读者卡，包括普通读者卡、嘉宾卡、贵宾卡、少儿读者卡及参考咨询工作证等。

（5）办理证卡时，根据读者申请表录入读者信息（年满 13 至 15 周岁读者须验监护人信息），确保不漏项，所开通功能与所申请功能相符,读者图像清楚。检索读者数据正确(尤其初次办卡时),避免重复办卡或标识错误。

(6)办理读者卡的增加功能和减少功能:办理增加功能时,需确保增加功能与所申请功能相符;办理减少功能时,需先审核读者证件、押金条等凭据,确认是否已还清所借图书和逾期使用费以及是否有未处理违章记录,删除功能与所要求减少的功能相符。

(7)办理挂失手续及补卡:办理读者卡的挂失时,需确保检索读者数据正确、改变流通状态正确、备注清楚。办理补卡时,卡号替代正确、流通状态恢复正确、备注清楚。

(8)读者卡注册:办理注册时,需确保将读者卡所有功能的使用期全部顺延,不得漏项。

(9)个人密码恢复:需凭读者本人身份证件,核对无误后办理。

(10)数据总校:校对当日办证读者数据,数据错误率不超过0.1%。经数据总校后数据错误率不超过0.05%。

(11)办证、充值自助服务设备维护及管理:熟练掌握各项功能的操作方法,正确辅导读者使用;能够正确对设备进行日常维护、简单故障排查和维修。

(12)所有操作应做到资格审查手续完备、数据录入准确。

(13)办卡收费和开具收据规范,所有办证卡收取的现金和各种收据一律当面点清。所收现金必须通过验钞仪的检测,并确保无误。收据应加盖财务专用章、办卡当天日期章。

(14)个人领取的各种证卡、收据,妥善保管,用完及时上交。

(15)严格执行《国家图书馆读者意见管理办法(试行)》的规定,将读者意见记录单、缺藏文献推荐单妥善保管并摆放在便于读者阅读的显著位置,及时处理解决读者意见。

(16)认真做好日常工作统计和月报表统计,各统计项目填报齐全,统计数据真实、准确,按时上报。

(17)严格遵守并执行有关安全保卫、安全消防等规章制度。

(18)保持服务点卫生整洁。

2. 办证财务管理

［工作内容］

证卡办理中涉及的钱款、票证汇总上交，各种收据、证卡的领取和管理。

［质量规范］

(1)严格遵守《国家图书馆业务工作监督考核办法》《国家图书馆财务管理办法》中的相关规定。

(2)熟悉各项财务制度、馆内各项规定并严格遵守，不得有违规行为。

(3)每日将所收钱款、票证汇总并将大额现金交银行人员或馆财务。

(4)每周将本周收取现金存款凭条、押金收据、支票和银行凭证与票据准确核对无误后汇总上缴。

(5)定期将分馆各种票证汇总上缴总馆财务。

(6)从财务处领回各种票证应及时返还，将各种票证发放组员工应及时收回。

(7)收据需由专人从财务处签名领取。各种收据专人管理，分类登记各种收据的总数、上缴的本数和剩余本数；分类登记各种收据的顺序号及本数、上缴收据的顺序号及本数和剩余本数，用完销账。

(8)办证、充值自助服务设备的钱箱、钥匙应专职专人保管。

(9)所收现金须及时上缴，不得拖延；大额现金不过夜，不得挪用。

(10)保险柜由专人管理、密码和钥匙责任到人。

(11)证卡领用由专人管理，确保读者卡起止号等级准确、签字领取。

第三条　阅览服务

1. 开架阅览服务

［工作内容］

维护阅览室正常的阅览秩序，包括用户导读、本室计算机系统日常维护、出入室检查监测、日常巡视、室藏管理与揭示、完成相关工作统计等。

[质量规范]

(1)严格遵守《国家图书馆员工文明行为规范》《国家图书馆业务工作监督考核办法》和馆藏文献利用办法相关规定。

(2)用户导读:熟悉国家图书馆借阅政策与室藏情况。主动辅导读者利用本室室藏,帮助读者查找文献,辅导读者使用计算机检索;主动介绍和辅导读者利用本馆的数字资源以及互联网相关信息资源。有光盘阅读、网络、缩微藏品阅读、文献复制、扫描刻盘、打印、拍照等服务的阅览室,要指导读者利用相关服务并办理相关手续。有卡片目录的阅览室,应做好卡片目录维护,并指导读者正确查找使用。

(3)本室计算机系统日常维护:每日检查阅览室设备运行情况,定期为计算机杀毒。保证服务时间内室内设备的正常运行。设备运行出现问题及时报修并备案。

(4)出入室检查监测:在读者刷卡进入阅览室时,认真查验持卡者是否符合入室要求。对过期、置停、报废证卡按相关规定处理。检查读者入室是否携违禁物品,出室是否携出室藏文献及公共财产,维护好进出阅览室秩序。

(5)提供缩微藏品阅读、文献复制、扫描刻盘、打印、拍照等服务的阅览室,指导读者使用相关服务并为读者办理相关手续。

(6)加强日常巡视,认真维护阅览室室藏和设备,维护阅览室秩序,防止发生污损和偷窃文献的现象,对读者违规行为及时制止并按照馆规进行处理。对盗窃图书者,要留有读者书面检查,并记录该读者卡号、姓名、书名、时间等相关信息在内的计算机及人工记录处理读者违章,收取赔偿金需开具收据,读者档案内需加注相应违章说明、操作者及处理日期。

(7)确保阅览室文献安全,定期进行文献丢失率、破损率统计并上报业务管理处。

(8)读者阅读过的文献,由工作人员按排架顺序及时归架,随时整架。其中装有 RFID 芯片的文献,工作人员须统计利用率后归架。

(9)图书开架阅览室错架率为:日接待读者 500 人次以下的,图书排架以完整分类号为准,错架率不超过 2%;日接待读者 500 至 1000 人次以上的,图书排架以四级类目为准,错架率不超过 4%;1000 人次以上的,图书排架以四级类目为准,错架率不超过 6%。

(10)报刊开架阅览室错架率为:日接待读者 400 人次以下的不超过 2%;日接待读者 400 至 800 人次的不超过 4%;日接待读者 800 人次以上的不超过 6%。

(11)工作人员应及时展架、倒架,保持架位整齐有序;装有 RFID 芯片的图书应同时在规定的时间内,对架上数据进行更新,确保架位导航准确。

(12)接收新书刊

接收新书:定期接收新书,做好清点、验收、登记、数据挂接等工作,确保新书入藏地点准确无误。新书入室后 3 日内必须上架,不许私自截留。装有 RFID 标签的文献应在上架时采集架位信息,并及时上传。

接收新报、刊:对到室期刊进行扫条码验收,上架。当天到报、刊,当天上架,不能积压。

(13)书刊流通中,发现文献标签不清楚或脱落时,应及时补标,发现 RFID 标签不能读取时应及时更换;发现索取号错误或其他编目错误应及时通知编目部门予以改正。

(14)开架图书阅览室,破损图书应及时下架装订。发现图书散页,应及时交送相关部门进行装订或剔除;开架期刊阅览室,破损的刊标应及时更换或修补。新订期刊应及时打上架标。

(15)对年度下架的剔除书刊、退库书刊进行甄选、下架,按操作规程进行数据剔除,认真清点数量并进行登记。书刊退库手续齐备,及时送库;剔除书刊打捆并按规定进行下一步处理。剔除书刊、退库书刊错误率不得超过 1%。

(16)文献出室复制时,应认真核对,还回时查验清点,保证文献完好无损,不随意简化手续。

(17)严格执行《国家图书馆读者意见管理办法(试行)》的规定,将读者意见记录单、缺藏文献推荐单妥善保管并摆放在便于读者发现的显著位置,及时处理解决读者意见。

(18)有收款项目的阅览室要严格遵守财务制度,核对每项收款并为读者打印收款凭证。

(19)日常工作统计和月报表统计项目填报齐全,统计数据真实、准确,按时上报。

(20)严格遵守并执行有关安全保卫、安全消防等规章制度。

(21)保持服务点各种服务设备完好;维护环境干净整洁,保持室内通风换气(二期阅览区要注意空调系统的运行情况)。

2. 闭架阅览服务

［工作内容］

维护阅览室正常的阅览秩序,包括用户导读、本室计算机系统日常维护、出入室检查监测、读者申请审核、文献提取、还书处理、日常巡视、室藏管理、完成相关工作统计等。

［质量规范］

(1)严格遵守《国家图书馆员工文明行为规范》《国家图书馆业务工作监督考核办法》和馆藏文献利用办法的相关规定。

(2)用户导读:熟悉国家图书馆借阅政策与室藏情况。主动辅导读者利用本室室藏,帮助读者查找文献,辅导读者使用计算机检索;主动介绍和辅导读者利用数字资源以及互联网相关信息资源。有光盘阅读、网络、缩微藏品阅读、文献复制、扫描刻盘、打印、拍照等服务的阅览室,要指导读者利用相关服务并办理相关手续。有卡片目录的阅览室,应做好卡片目录维护,并指导读者正确查找使用。

(3)本室计算机系统日常维护:每日检查阅览室设备运行情况,定期对计算机杀毒。保证服务时间内室内设备的正常运行。设备出现问题及时报修并备案。

(4)出入室检查监测:在读者刷卡进入阅览室时,认真查验持卡者是否符合入室要求,对过期、置停、证卡按馆规定处理。检查读者入室是否携违禁物品,出室是否携出室藏文献及公共财产,确保进出阅览室秩序。

(5)日常巡检,包括阅览室室藏文献和设备,阅览室秩序,文献被污损和偷窃文献行为,对读者违规行为及时制止并按照馆规进行处理。对盗窃图书者,应留有读者书面检查,在计算机及人工记录上登记读者证号、人名、书名、时间等相关信息。处理读者违章,收取赔偿金需开具收据。如需置停违章读者需子库权限,要在读者档案内加注相应说明、操作者及处理日期,并将读者的使用状态加以变更。

(6)读者申请审核:审核读者所填索书(刊、报)单是否符合要求。无误后,尽快将文献取出交给读者,并将索书(刊、报)单放入户头卡内。提取文献应当面清点册数。代读者预约要严格按文献利用流程办理。

(7)及时、准确为读者提取文献。一般阅览室室藏不超过 5 至 10分钟,同一馆区库房文献人工提取运输不超过 40 分钟,同一馆区库房文献系统提取运输不超过 30 分钟,跨馆区库房文献人工提取运输不超过 60 分钟。提取文献错误率不超过 0.5%。被"拒绝"的文献,要弄清原因并做好读者解释,尽可能向读者推荐内容相近的文献,满足读者的需要。对拒绝的请求应做好核查并统计分析。

(8)读者阅毕的文献办理归还手续时,先检查所还书刊是否与索书单相符,有无损坏,确认无问题后,再做还书处理。阅毕文献要随时归架,不得积压。

(9)工作人员应根据图书上架、下架后带来图书架位的变化,及时展架、倒架,保持架位整齐。错架率不超过 0.1%。

(10)接收新书刊:定期接收新书,做好清点、验收、登记和数据挂接等工作,要确保入藏地点准确无误。新书入库后 3 日内必须上架,不许私自截留。新订期刊应及时打标。

(11)书刊流通中,发现文献标签不清楚或脱落时,应及时补标。发现错号或其他编目错误应及时通知编目部门或科组予以改正。

（12）闭架图书阅览室,破旧图书应及时下架装订。发现图书散页,应及时交送相关部门进行装订或剔除;闭架期刊阅览室,破损的刊标应及时更换或修理。

（13）对退库书刊进行甄选、下架,按操作规程进行数据剔除,认真清点数量并进行登记。退库手续齐备,及时送库;操作要认真,错误率不得超过1%。

（14）文献出室复制时,应认真核对,还回时查验清点,保证文献完好无损,不随意简化手续。

（15）严格执行《国家图书馆读者意见管理办法（试行）》的规定,将读者意见记录单、缺藏文献推荐单妥善保管并摆放在便于读者发现的显著位置,及时处理解决读者意见。

（16）有收款项目的阅览室要严格遵守财务制度,核对每项收款并为读者打印收款凭证。

（17）认真做好日常工作统计和月报表统计,各统计项目填报齐全,统计数据真实、准确,按时上报。

（18）严格遵守并执行有关安全保卫、安全消防等规章制度。

（19）为读者营造一个安静、整洁的阅览环境。

3. 音像资料阅览服务

［工作内容］

维护阅览室正常的阅览秩序,包括用户导读、本室计算机系统日常维护、出入室检查监测、日常巡视、室藏管理、文献复制、完成相关工作统计等。

［质量规范］

（1）严格遵守《国家图书馆业务工作监督考核办法》《国家图书馆员工文明行为规范》中的相关规定。

（2）用户导读:熟悉国家图书馆借阅政策与馆藏音像资料情况,辅导读者使用计算机检索、使用馆藏音像资源、使用相关设备并为读者办理相关手续。

（3）本室计算机系统日常维护:每日检查阅览室设备运行情况,定期对计算机杀毒,清理磁盘中的无用文件。保证服务时间内,室内设备的正常运行。设备出现问题及时报修并备案。

(4)出入室检查监测:在读者刷卡进入阅览室时,认真查验持卡者是否符合入室要求,对过期证卡、出现有置停现象的证卡及报废证卡按馆规定处理,维护好读者进出阅览室秩序。

(5)加强日常巡视,认真维护阅览室室藏和设备,维护阅览室秩序,对读者违规行为及时制止并按照馆规进行处理。处理读者违章,赔偿金需开具收据。对违章的读者需置停子库权限,要在读者档案内加注相应说明、操作者及处理日期,并将读者的使用状态加以变更。

(6)管理好流通的音像资料,出入阅览室的音像资料及时记录和归架。

(7)接受到馆读者、远程读者来电来函委托复制以及馆内部门委托的文献复制工作。文献复制工作质量规范参见"馆藏文献复制服务"的要求。

(8)严格执行《国家图书馆读者意见管理办法(试行)》的规定,将读者意见记录单、缺藏文献推荐单妥善保管并摆放在便于读者发现的显著位置,及时处理解决读者意见。

(9)严格遵守财务制度,核对每项收款并为读者打印收款凭证。

(10)日常工作统计和月报表统计项目填报齐全,统计数据真实、准确,按时上报。

(11)严格遵守并执行有关安全保卫、安全消防等规章制度。

4. 数字资源阅览服务

[工作内容]

维护阅览室正常的阅读秩序,包括用户导读、本室计算机系统日常维护、出入室检查监测、日常巡视、工作统计等。

[质量规范]

(1)严格遵守《中华人民共和国计算机信息系统安全保护条例》《中华人民共和国信息网络国际联网管理暂行规定》《计算机信息网络国际联网安全保护管理办法》《国家图书馆员工文明行为规范》《国

家图书馆业务工作监督考核办法》等国家相关法律及法规。

（2）用户导读：熟悉国家图书馆借阅政策与数字资源情况，辅导读者使用计算机进行数字资源检索、使用自建和外购数字资源数据库、使用相关设备并为读者办理相关手续。

（3）本室计算机系统日常维护：每日检查阅览室设备运行情况，定期对计算机杀毒，清理磁盘中的无用文件。保证服务时间内，室内设备的正常运行。设备出现问题及时报修并备案。

（4）出入室检查监测：在读者刷卡进入阅览室或预约排队上网时，认真查验持卡者是否符合入室要求，或预约排队上网检查读者入室是否携禁带物品，维护好读者进出阅览室秩序。

（5）加强日常巡视，认真维护阅览室设备，维护阅览室秩序，对读者违规行为及时制止并按照馆规进行处理。处理读者违章，赔偿金需开具收据。对违章的读者需置停子库权限，要在读者档案内加注相应说明，操作者及处理日期，并将读者的使用状态加以变更。

（6）遵照国家互联网安全管理的有关政策、法规，对读者浏览不健康、反动信息，以及危害信息安全的行为要加以制止。

（7）数字共享空间可以为科研单位、大专院校数据库检索课提供预约实习辅导服务。

（8）接受到馆读者、远程读者来电来函委托复制以及馆内部门委托的文献复制工作。多媒体光盘不能提供整盘复制的业务，如需要部分数据，在读者签署版权声明后，方可拷贝使用。文献复制工作质量规范参见"馆藏文献复制服务"的要求。

（9）严格执行《国家图书馆读者意见管理办法（试行）》的规定，将读者意见记录单、缺藏文献推荐单妥善保管并摆放在便于读者发现的显著位置，及时处理解决读者意见。

（10）统计工作按照《国家图书馆业务统计规范》执行，各统计项目填报齐全，统计数据真实、准确，适时进行有关业务统计分析。

（11）严格遵守并执行有关安全保卫、安全消防等规章制度。

（12）为读者营造一个安静、整洁的阅览环境。

第四条 外借服务

1. 图书开架外借服务

[工作内容]

维护服务点正常的借阅秩序,包括用户导读,本室计算机系统日常维护与报修,出入室检查监测,日常巡视,协助读者办理书、盘借还手续,藏书管理,工作统计等。

[质量规范]

(1)严格遵守《国家图书馆员工文明行为规范》《国家图书馆业务工作监督考核办法》和馆藏文献外借的相关规定。

(2)用户导读:熟悉国家图书馆借阅政策与室藏情况,主动辅导读者使用本室室藏,帮助读者查找文献,辅导读者使用计算机检索。

(3)本室计算机系统日常维护:每日检查阅览室设备运行情况,定期对计算机杀毒。保证服务时间内,室内设备的正常运行。设备出现问题及时报修并备案。

(4)出入室检查监测:在读者刷卡进入服务点时,认真查验持卡者是否符合入室要求。对过期证卡、置停证卡及报废证卡按馆内规定处理,维护好读者进出服务点秩序。通过监测仪检测读者是否有违章情况,并按馆规定处理。对盗窃图书者,要留有读者书面检查,在计算机及人工记录上登记读者证号、读者姓名、书名、时间等相关信息。

(5)加强日常巡视,认真维护室藏和自助借还书设备,维护秩序,防止发生污损文献的现象,对读者违规行为及时制止并按照馆规进行处理。处理读者违章,收取赔偿金需开具收据。对违章的读者需置停子库权限,要在读者档案内加注相应说明、操作者及处理日期,并将读者的使用状态加以变更。

(6)办理借书手续时,应对非流通状态图书进行相应处理。工作人员发现图书已有污损,或读者提出图书污损声明,工作人员应对图书加盖污损注销章。对已严重损坏的图书,工作人员有权拒绝出借。

(7)出借光盘手续同图书出借手续。归还光盘手续同图书归还手续。损毁光盘做注销处理。

（8）对过期未还文献，应定期催还。

（9）读者所还图书及时上架，不得积压。每天保证图书及时归架，当日还书在次日早9点前必须上架。在归架的同时要对架面进行整理。图书归架严格按馆规定业务标准四级类目归书，错架率不得超过5%。

（10）工作人员应根据图书上架、下架后带来图书架位的变化，及时展架、倒架，保持架位整齐并及时调整架标；同时在规定的时间内，对架位数据进行更新，以确保架位导航的准确性。

（11）接收新书：定期接收新书，做好验收、登记、上架等工作，错误率不得超过1%。新书到室后3日内必须上架，不许私自截留。

（12）文献流通中，发现文献标签不清楚或脱落时，应及时补标。发现错号或其他编目错误应及时通知编目部门或科组予以改正。

（13）对破损严重的图书进行数据注销后，打捆存放。

（14）对定期下架的图书，按操作规程进行数据剔除后，清点打捆，交相关部门处理。旧书剔除要严格按操作规程执行，错误率不得超过1%。

（15）严格执行《国家图书馆读者意见管理办法（试行）》的规定，将读者意见记录单、缺藏文献推荐单妥善保管并摆放在便于读者发现的显著位置，及时处理解决读者意见。

（16）严格遵守财务制度，核对每项收款并为读者打印收款凭证。

（17）统计工作按照《国家图书馆业务统计规范》执行，各统计项目填报齐全，统计数据真实、准确，按时上报，适时进行有关业务统计分析。

（18）严格遵守并执行有关安全保卫、安全消防等规章制度。

（19）为读者营造一个安静、整洁的阅览环境。

2. 图书闭架外借服务

［工作内容］

维护服务点正常的借阅秩序，包括用户导读、读者申请审核、读者取还书处理、文献复制、完成相关工作统计等。

［质量规范］

(1)严格遵守《国家图书馆员工文明行为规范》《国家图书馆业务工作监督考核办法》和馆藏文献外借的相关规定。

(2)用户导读：熟悉国家图书馆借阅政策。主动辅导读者使用计算机检索，解答读者有关图书外借及阅览流通问题。

(3)读者申请审核：辨别读者需要阅览的图书期刊或中文附盘(光盘视同一本书)是否能从网上发送预约请求。如允许，请读者在网上发送预约请求；如不能，则收取读者手工填写的索书单。在收取读者索书单前先检查读者证卡是否有效，然后检查索书单填写内容是否符合要求。对过期证卡、出现有置停现象的证卡及报废证卡按馆规定处理。

(4)采用手工填写索书单方式办理借阅手续的，须抵押读者本人读者卡，并发给读者座位牌，并按读者座位牌号将索书单排挡。

(5)索书单加盖收条时间后，由出纳台工作人员定时发送书库。

(6)与书库工作人员配合，保证读者取书时间，一般同一馆区库房文献人工提取运输不超过40分钟，同一馆区库房文献系统提取运输不超过30分钟，跨馆区库房文献人工提取运输不超过60分钟。与书库工作人员配合，保证提中外文书刊错误率不超过0.5%。书刊通过传送车从书库运达出纳台后，工作人员要及时、逐本在计算机上做到书处理，部分没有数据的图书做简单编目后在计算机上做到书处理。对"拒绝"的书刊，需向读者耐心说明原因，尽可能向读者推荐内容相近的文献，满足读者的需要。

(7)读者归还书籍时，先检查所还图书期刊是否有损坏，确认无问题后，再在计算机上做还书处理。采用手工流通方式的在执行还书操作时，要从存留排挡中撤出书单。

(8)对过期未还文献应及时催还；长期未还文献应定期催还。

(9)对违章的读者需置停子库权限，要在读者档案内加注相应说明、操作者及处理日期，并将读者的使用状态加以变更。

（10）书刊流通中，发现文献标签不清楚或脱落时，应及时补标。发现图书破损和散页，应及时交送相关部门进行装订或复制。发现错号或其他编目错误应及时通知编目部门予以改正。

（11）从传送车中取、放和递接读者书刊时要轻拿轻放，不得摔扔书刊。

（12）接受到馆读者、来电来函委托复制以及馆内部门委托的文献复制工作。文献复制工作质量规范参见"馆藏文献复制服务"的要求。

（13）严格执行《国家图书馆读者意见管理办法（试行）》的规定，将读者意见记录单、缺藏文献推荐单妥善保管并摆放在便于读者发现的显著位置，及时处理解决读者意见。

（14）严格遵守财务制度，核对每项收款并为读者打印收款凭证。

（15）统计工作按照《国家图书馆业务统计规范》执行，各统计项目填报齐全，统计数据真实、准确，适时进行有关业务统计分析。

（16）严格遵守并执行有关安全保卫、安全消防等规章制度。

（17）为读者营造一个安静、整洁的阅览环境。

第五条　馆藏文献复制服务

本项工作特指静电复制、文献扫描、缩微复制等文献复制工作。

1. 文献复制服务

［工作内容］

解答文献复制的有关咨询、接收文献复制委托、审核读者填写的复制单、交付复制文献、复制设备的保管、日常清洁及简单维修、完成相关工作统计等。

［质量规范］

（1）严格遵守《国家图书馆员工文明行为规范》《国家图书馆业务工作监督考核办法》以及复制手段适用文献的相关规定。

（2）严格遵守国家图书馆有关复制文献管理的规定和各项规章制度，尊重知识产权，维护著作权人的合法权益。

（3）熟悉国家图书馆文献复制规定,准确解答文献复制的有关咨询。

（4）接受到馆读者、来电来函委托复制以及馆内部门委托的文献复制工作,合理安排协调文献复制次序。

（5）办理读者复制手续,要求读者逐项认真填写"国家图书馆文献复制申请单",并妥善保存3年。

（6）接收、审核读者填写的复制单,并查看是否与书刊夹条相符,相关信息是否填写完整,确认无误后发牌号给读者。

（7）若因文献原因影响复制效果,要先征得用户认可再进行复制。

（8）爱护文献,尽量避免因复制对文献的损伤。

（9）复制件内容、文字、数据清晰,画面整洁,不模糊,不歪斜,不漏印,不重印,不缺字少页。文献复印或文献扫描后的打印中,应正确选择用纸规格,按要求留足装订边。

（10）对复制好的文献进行核对。核对后的复制文献,不得出现缺页、重复情况。

（11）如有需要,使用简单装订工具,对复制好、核对完的文献进行简单装订。装订后的复制文献,外观整齐、结实,书钉不得外露,中缝留有一定空隙,便于翻阅、浏览。

（12）装订、核对工作需填写单据。

（13）简单了解复印机、扫描仪的工作原理,做好日常清洁保养。能够处理使用中遇到的简单故障。出现故障及时报修。

（14）文献复印应节约复印纸张和材料,废纸率在5%以下。整件差错率不超过0.1%。

（15）严格执行《国家图书馆读者意见管理办法（试行）》的规定,将读者意见记录单、缺藏文献推荐单妥善保管并摆放在便于读者发现的显著位置,及时处理解决读者意见。

（16）严格遵守财务制度,核对每项收款并为读者打印收款凭证。

（17）主动辅导读者使用自助复制设备,必要时应主动为自助区的老弱病残孕读者提供人工复制服务。

(18)统计工作按照《国家图书馆业务统计规范》执行,各统计项目填报齐全,统计数据真实、准确,适时进行有关业务统计分析。

(19)严格遵守并执行有关安全保卫、安全消防等规章制度。

2. 文献拍照及照片放大

［工作内容］

解答文献拍照的有关咨询、接受文献复制委托、审核读者填写的复制单、交付复制文献、拍照设备的保管、日常清洁及简单维修、完成相关工作统计等。

［质量要求］

(1)严格遵守《国家图书馆员工文明行为规范》《国家图书馆业务工作监督考核办法》的相关规定。

(2)严格遵守国家图书馆有关复制文献管理的规定和各项规章制度,尊重知识产权,维护著作权人的合法权益。

(3)熟悉国家图书馆文献复制规定,准确解答文献复制的有关咨询。

(4)为读者与馆内用户翻拍、放大各种经审批的文献。接受到馆读者、来电来函委托复制以及馆内部门委托的文献复制工作,合理安排协调文献复制次序。

(5)办理读者复制手续,要求读者逐项认真填写"国家图书馆文献复制申请单",并妥善保存 3 年。

(6)接收、审核读者填写的复制单,查看是否与书刊夹条相符,相关信息是否填写完整,确认无误后发牌号给读者。

(7)若因文献原因影响拍照或者放大效果,要先征得用户认可再进行。

(8)爱护文献,尽量避免因拍照或者放大对文献的损伤。确保善本图书等珍贵文献在使用中的安全。

(9)复制件内容、文字、数据清晰,画面整洁,不模糊,不歪斜,不缺字少页。

(10)缩微拍照质量标准:

黑白底片:密度 0.7—1.4 之间。

图像底片:层次丰富、图像整洁清晰。

文字底片:对比度好、文字清晰。

彩色底片:保证基本色温色调。

(11)放大照片质量标准:

图像照片:层次丰富、图像清晰。

文字照片:反差要尽量大,灰度要小,文字清晰。

(12)对复制好的文献进行核对。核对后的复制文献,不得出现缺页、重复情况。

(13)确保拍照、放大设备及附件的完整和正常使用。

(14)严格执行《国家图书馆读者意见管理办法(试行)》的规定,将读者意见记录单、缺藏文献推荐单妥善保管并摆放在便于读者发现的显著位置,及时处理解决读者意见。

(15)统计工作按照《国家图书馆业务统计规范》执行,各统计项目填报齐全,统计数据真实、准确,适时进行有关业务统计分析。

(16)严格遵守并执行有关安全保卫、安全消防等规章制度。

3. 还原复制

[工作内容]

解答文献还原的有关咨询、接收文献复制委托、审核读者填写的复制单、交付复制文献、还原设备的保管、日常清洁及简单维修、工作统计等。

[质量要求]

(1)严格遵守《国家图书馆员工文明行为规范》《国家图书馆业务工作监督考核办法》的相关规定。

(2)严格遵守国家图书馆有关复制文献管理的规定和各项规章制度,尊重知识产权,维护著作权人的合法权益。

(3)爱护胶片,尽量避免因还原对胶片的损伤。

(4)熟悉国家图书馆文献复制规定,准确解答文献复制的有关咨询。

（5）接受到馆读者、来电来函委托复制以及馆内部门委托的文献复制工作，合理安排协调文献复制次序。

（6）办理读者复制手续，要求读者逐项认真填写"国家图书馆文献复制申请单"，并妥善保存3年。

（7）接收、审核读者填写的复制单，应查看是否与书刊夹条相符，相关信息是否填写完整，然后发牌号给读者。

（8）若因母片原因影响还原效果，要先征得用户认可再进行还原。

（9）复制件内容、文字、数据清晰，画面整洁，不模糊，不歪斜，不缺字。

（10）对复制好的文献进行核对。核对后的复制文献，不得出现缺页、重复情况。

（11）及时保质保量地完成还原任务，差错率不超过0.5%。

（12）熟练掌握缩微还原设备的工作原理、工作过程及操作方法。还原设备的日常清洁和日常保养工作。爱护设备，确保还原设备的完好与正常使用。能够处理使用中遇到的简单故障。出现故障及时报修。

（13）严格执行《国家图书馆读者意见管理办法（试行）》的规定，将读者意见记录单、缺藏文献推荐单妥善保管并摆放在便于读者发现的显著位置，及时处理解决读者意见。

（14）统计工作按照《国家图书馆业务统计规范》执行，各统计项目填报齐全，统计数据真实、准确，适时进行有关业务统计分析。

（15）严格遵守并执行有关安全保卫、安全消防等规章制度。

4. 复制设备维修

［工作内容］

复制设备的日常维护保养维修、配件更换、备品备件的采购及库房管理、出具设备报废意见、新增和更新设备的选型工作、完成相关工作统计等。

［质量要求］

（1）严格遵守《国家图书馆业务工作监督考核办法》《国家图书馆

员工文明行为规范》中的相关规定。

（2）按时进行复制设备的维护保养,确保复印设备状况良好,运转正常。

（3）日常维修,配件更换。了解各种复印机原理与性能,熟练掌握维修技能,能准确判断并排除故障。维修及时,接到报修要求及时到达现场,一般故障24小时内排除,特殊故障要求48小时内排除或给出解决意见(外包维修业务依协议)。

（4）按时对复制设备进行大、中修。

（5）各类复印、还原、缩微拍照、放大设备的管理、调配与维修,备品备件的采购。

（6）严格管理备品备件库房,各种消耗材料、零配件的采购要有计划性,注意节约。

（7）出具的设备报废意见要客观、真实。

（8）各类复印、还原、缩微拍照、放大设备的新增和更新设备的选型工作。设备更新意见要准确、全面,并符合使用部门的使用情况。

（9）统计工作按照《国家图书馆业务统计规范》执行,各统计项目填报齐全,统计数据真实、准确,按时上报,适时进行有关业务统计分析。

（10）严格遵守并执行有关安全保卫、安全消防等规章制度。

第六条　社会教育拓展

1. 读者参观服务

[工作内容]

协调、组织、接待到馆参观、完成相关工作统计等。

[质量规范]

（1）严格遵守《国家图书馆员工文明行为规范》《国家图书馆业务工作监督考核办法》的相关规定。

（2）做好各界访客参观的协调、组织、接待工作。

（3）少年儿童馆接待有组织的中小学生集体参观与家长陪同下的

少年儿童参观。

（4）参观讲解应力求准确、全面。

（5）及时了解国家图书馆业务发展和新推出的服务项目，及时更新讲解内容。

（6）注意掌握讲解技巧，尽量不影响正常的阅览服务和业务工作。

（7）统计工作按照《国家图书馆业务统计规范》执行，各统计项目填报齐全，统计数据真实、准确，适时进行有关业务统计分析。

2. 读者培训服务

［工作内容］

组织、策划组织读者培训，培训宣传、培训现场服务，培训现有资料和信息的整合，完成相关工作统计等。

［质量规范］

（1）严格遵守《国家图书馆员工文明行为规范》《国家图书馆业务工作监督考核办法》的相关规定。

（2）根据国家图书馆业务发展和服务项目的推出，组织、策划组织读者培训。读者培训应有系统性。

（3）积极主动做好宣传工作，根据实际情况，选取适宜的宣传形式，扩大培训的影响。

（4）做好确立培训内容和培训目标，确定培训教师、培训时间、培训地点和收费标准等工作。

（5）培训现场服务：保证培训所需设备到位；做好读者报名、交费、办证等工作；协调各方，保证培训录音、录像、照片资料的收集；保证培训现场正常的培训秩序；做好培训场地的安全保卫、卫生工作。

（6）培训现有资料和信息的整合，建立科学合理的培训信息管理体系。包括：及时整理培训的文字资料及相关资料；根据培训教师授权协议书和实际情况，保留重要培训的音像资料，适当时将其重复播放或通过网络提供给读者；建立培训档案，保存培训的计划安排、培训教师的介绍材料、培训内容的文字资料和重要培训的音像资料。

（7）履行信息发布程序，不得随意更改已公布的培训安排。

(8)对文字资料的上网及出版严格把关。

(9)认真整理、保存讲座有关的各种档案,不丢失,不错乱,做好存档和归档工作。

(10)培训工作与国家图书馆业务工作要紧密结合。

(11)定期收集各方面反馈意见,及时调整培训的相关项目,并提出应对方案保障培训效果。

(12)统计工作按照《国家图书馆业务统计规范》执行,各统计项目填报齐全,统计数据真实、准确,适时进行有关业务统计分析。

3. 公益讲座服务

[工作内容]

组织、策划组织公益讲座、讲座宣传、讲座现场服务、讲座现有资料和信息的整合、完成相关工作统计等。

[质量规范]

(1)严格遵守《国家图书馆员工文明行为规范》《国家图书馆业务工作监督考核办法》的相关规定。

(2)制订讲座的整体计划,组织、策划组织各类型的公益讲座,应结合各类讲座的特点组织策划,尽量成系列。公益讲座的策划应有年度或半年的总体策划。

(3)积极主动做好宣传工作,根据实际情况,选取适宜的宣传形式,扩大讲座的影响。

(4)确定讲座教师、讲座时间、讲座地点。包括:初步联系讲座教师,确认讲座时间,就讲座题目进行协商;与讲座教师沟通有关讲座事宜,涉及文稿、照片以及讲座所需幻灯片的设计、制作事宜应进行明确;为讲座教师提供咨询,并根据需要提供相关资料。

(5)做好确立讲座内容和讲座目标,确定讲座教师、讲座时间、讲座地点等工作。

(6)做好讲座现有资料和信息的整合,建立科学合理的讲座资料信息管理体系。包括:及时整理讲座的文字资料和讲座授权书等相关资料,组织落实相关资源的编辑出版工作;根据实际情况,保留重要讲座的音像资料,适当时将其重复播放或通过网络提供给读者;建立讲座档案,保存讲座的计划安排、讲座教师的介绍材料、讲座内容的文字资料和讲座的音像资料和讲座授权书等资料。

(7)统筹并按时上报月度讲座计划,履行信息发布程序,不得随意更改已公布的讲座安排。

(8)文字资料对外发布或出版之前,进行报审。

(9)整理、保存讲座有关的各种档案,不丢失,不错乱。

(10)定期收集各方面反馈意见,及时调整讲座的相关项目,并提出应对方案保障讲座效果。

(11)统计工作按照《国家图书馆业务统计规范》执行,各统计项目填报齐全,统计数据真实、准确,适时进行有关业务统计分析。

4. 音像资料摄像编辑

［工作内容］

接受并完成读者的摄像编辑委托,完成馆内各重大活动的摄像编辑工作。收集、保管摄像编辑资料,摄像编辑设备的保养,完成相关工作统计等。

［质量要求］

(1)严格遵守《国家图书馆员工文明行为规范》《国家图书馆业务工作监督考核办法》的相关规定。

(2)加强学习,提高业务水平,满足社会和馆内摄像编辑工作的需要。

(3)了解摄像编辑工作的程序和特点,按要求完成摄像编辑。

(4)熟练掌握摄像设备的机械性能、操作技术,定期进行保养、检修。

(5)摄像编辑工作完成后,应做好记录,整理并保管资料,按要求进行存档和归档。

(6)统计工作按照《国家图书馆业务统计规范》执行,统计数据真实、准确,适时进行有关业务统计分析。

注:目前摄像编辑工作暂不接受读者委托。

5. 展览

［工作内容］

策划、组织展览项目；有关展览内容的文字撰写、编辑；美术设计与制作、展览素材与资料的拍摄收集和绘制、设计展览小样的报批及存档等工作；完成相关工作统计。

［质量要求］

(1)制订展览年度计划,结合馆藏特色组织、策划各类展览。

(2)做好展览业务的协调、宣传和对外联络工作。

(3)所出展览成品应具有较高的思想性与艺术性。

(4)遵守合同,以用户满意为准则。

(5)整理、保存展览有关的档案资料,不丢失,不错乱,按要求进行存档和归档。

(6)统计工作按照《国家图书馆业务统计规范》执行,统计数据真实、准确,适时进行有关业务统计分析。

第五章　文献库房管理工作

第一条　定义

文献库房管理工作包括保存本库房与基藏本库房管理、中文报刊周转库房管理、善本特藏库房管理、普通古籍库房管理、缩微文献库房管理、音像资料与电子出版物库房管理等。其他专藏文献库房的管理工作参照本章规定执行。

第二条　保存本库房与基藏本库房管理

保存本库房和基藏本库房的文献管理。

1. 接收文献

［工作内容］

接收采编部门编目加工完毕的保存本与基藏本图书、期刊、报纸（以下简称"文献"）及附属品入库、上架。

［质量规范］

（1）按交接单清点入库文献数量，核对无误后，在交接单上签字。通过计算机系统，采用扫条码的方式，改变"单侧状态"逐册验收入库的文献及附属品。验收差错率不超过 0.1%。

（2）在验收文献时，如果发现书标、装订、烫金等方面存在问题，应单独存放并及时通知编目部门予以更正。

（3）验收文献附盘时，应逐一查验光盘是否按规定加工，盘标是否齐全等。凡有物理性损坏、断裂、划伤等质量问题，须及时退交采编部门。

（4）入库文献须经以上程序进行严格验收，完整无损、无缺页、散页、污损等质量问题的书刊方可入库。

（5）将保存本、基藏本予以区分并分开存放，通知各楼层工作人员及时提取上架。要求在5个工作日之内完成验收并上架。

（6）在上架过程中，发现非本书库房的文献应抽出，送交相关书库。

2. 文献流通

[工作内容]

按索书单准确地从架位上取出文献，在系统内进行取书处理，发送至出纳台；将还回书库的文献准确地归回架位。

[质量规范]

（1）接到打印机输出或手工传送的索书单后，应立即检查索书单内容是否有误，如无差错应尽快将书取出。认真核对索书单与所提书刊报是否相符，在系统内进行取书处理后，发送至出纳台。

（2）阅览室室藏提取不超过5至10分钟；同一馆区库房文献人工提取运输不超过40分钟；同一馆区库房文献系统提取运输不超过30分钟；跨馆区库房文献人工提取运输不超过60分钟。

（3）所提文献与索书单不相符（如错号）或架位上无文献（如未找到、原缺），应根据具体情况在计算机系统上做拒绝处理。被"拒绝"的文献，要弄清原因及时告知前台服务工作人员，对拒绝的请求做好统计分析。

（4）若取文献时发现编目质量问题，如数据挂接错误、书标与书角号不相符等情况，应下架单独存放，并通知编目部门在3个工作日之内完成修改和上架。未处理前，不得借阅流通。

（5）从阅览室返回库房的文献须进行检查，必要时应进行逐页翻阅，检查是否被剪、割、涂、画或夹带其他东西，保证保存本文献不破损，不丢失。返回库房的文献及时上架。每天10:00前，须将昨日尚未上架的流通文献归架完毕；每天下班前须将当日16:30以前所还文献归架完毕。

（6）图书流通时，如果发现书标磨损或脱落，应重新打贴书标。要求按标准格式打印,文种号、分类号、种次号、著者号的起始号应在同一垂直线上。

(7)文献流通时,若发现文献加工、编目方面存在问题,或发现数据挂接错误等情况,应单独存放并及时通知编目部门予以更正。

(8)保存本库房提取文献的错误率低于 0.1%,基藏本库房提取文献的错误率低于 0.2%。保存本库房与基藏本库房提取报纸的错误率低于 0.5%。

(9)按要求做好文献流通的统计工作。

3. 架位管理

[工作内容]

按要求进行架位管理,包括顺架、倒架、紧架、整架、展架、架位调整以及库房空间调整等工作。

[质量规范]

(1)合理划分架区,架位管理责任到人。每季度最少进行 1 次局部架位整理及处理乱错架工作。平时取、归文献时,发现排架错误随时纠正。

(2)每一架位应遵循从上至下,从左至右的排列顺序。严格按索书号(辅助区分号、分类号、种次号或著者号)、索刊号和索报号(年、卷、期)有序排列。

(3)排架错误率要求。保存本库房排架错误率不得超过 0.1%;基藏本库房排架错误率不得超过 0.2%。

(4)架位上的文献应摆放整齐,不歪不倒,松紧适度,发现文献拥挤现象应及时纠正。

(5)每格书架未放满文献时,应放置书挡,文献不得置于书挡之外。

(6)书架上的文献原则上按上四架格竖立排列(不能竖立的文献可平放排列),下三架格书标朝上平放排列。报纸和期刊视具体情况而定。

(7)依据保存本与基藏本的排架特点和规律,科学地进行藏书布局,不定期地进行藏书空间的调整,合理安排,留有余地。

(8)藏书布局和藏书空间调整后,应及时调整书架架标。

4. 文献装订

[工作内容]

整理流通过程中破损、散页的文献,并送装订厂装订或进行复制补藏。

[质量规范]

(1)收集流通中破损、散页的文献,将每册文献按页码顺序整理并用绳子捆好。

(2)按要求填写装订单,装订单一式两份,一份夹在文献中,一份放在相应的架位上。填写装订单须字迹清晰、准确无误,错误率不超过1%。

(3)每批送装文献须填写总单,内容包括题名、索取号及期刊年、卷、期。

(4)每季度1次将待装订文献送装订厂装订。

(5)清点、验收装订后的文献,合格的文献返回库房上架。不合格文献退回装订厂重新装订。

(6)返回库房文献的上架期限不超过3个工作日。

(7)如果基藏本破损严重,无法进行装订后流通,可利用保存本复制一册,交采编部门加工后替代原本,提供使用。

5. 安全保卫与卫生

[工作内容]

库房防火、防盗、防水等安全保卫工作;库房清扫、除尘等卫生工作,确保库房与藏书的完好无缺。

[质量规范]

(1)每天上下班准时开、关书库门,下班时须检查各楼层区所有电器设备,水、电、门、窗等是否关闭、锁好。

(2)入库须按《国家图书馆馆藏文献库房管理条例》办理入库手

续,严禁在库房内会客,非本库房工作人员不得随意入库和带小孩入库。禁止携带书包、食物入库。

(3)保存本库房和基藏本库房的文献为永久保存的国家财产,工作人员应具有高度的责任感,爱护藏书,严禁私自携保存本、基藏本出库。

(4)进行日常安全记录。要求内容详细,字迹工整。发现安全问题或安全隐患,应马上报告,及时处理解决。

(5)控制库房的温度和湿度,保存本库房温度应保持16℃—22℃,湿度为45%—60%;基藏本库房参考上述标准。当温湿度不符合文献保存条件时,须及时报告,督促有关部门进行处理。

(6)严格执行防火、防水、防盗、防虫蛀鼠害的有关规定,保证库房绝对安全。

(7)严格执行库房卫生标准,定期清扫和维护库房卫生。做到地面、窗台、书架、步梯、电梯无尘土、纸屑等,保持清洁卫生。保持桌面、台面和计算机、打印机、复印机等设备干净整洁,工作用具等摆放有序。

(8)每年须对库房内的文献进行除尘评估,适时制订除尘计划。

6. 统计管理

［工作内容］

库房管理相关业务数据的统计工作,进行定期的业务检查,通过业务分析与研究,制订规划与计划,撰写年度库房管理工作报告。

［质量规范］

(1)按《国家图书馆业务统计规范》的规定进行书刊报入藏量、流通量、拒绝率、剔除量等业务工作量的统计。每月按时汇总业务数据,及时上报统计报表,并保证数据的真实与准确,适时进行有关业务统计分析。

(2)定期对有关统计数据进行分析与研究,了解和掌握文献入藏、藏书布局、库房饱和度等情况,依据文献入藏趋势、读者借阅动态,制订文献典藏与利用的长期规划与年度计划。

（3）有计划地组织馆藏文献的清点,妥善处理有数据无文献的问题。

（4）根据《国家图书馆业务工作监督考核办法》的规定,定期对库房管理工作的质量与效率进行监督与检查,重点对文献接收入藏、取书速度、归书时限、排架、整架的准确性等各项工作指标进行抽查。监督与检查按照《国家图书馆藏文献库房管理条例》等业务规范和标准执行,讲求实效,避免走过场。

（5）撰写年度库房管理工作报告与质量综合评估报告。

第三条　中文报刊库房管理

包括中文报刊库房的管理工作。

［工作内容］

接收中文报刊,按规定顺序排架,流通管理,下架装订,业务统计以及库房安全保卫、卫生等工作。

［质量规范］

（1）按照入库工作单中报刊的册数进行核对验收,准确无误后,在入库工作单上签收,并在库房接收报刊统计表上予以登记;在计算机系统单册处理模块进行中文报刊的验收。如果发现条形码失效、非本库报刊等问题时,须退回记到环节。

（2）将验收后的报刊按照顺序排好并分库上架。上架时,一般将最新一期放在同种报刊的最上面。补藏报刊应按年卷期顺序排放在相应位置。新入藏的报刊,应按照排架规定设置相应的位置。必要时,须通过调整架位,确定新报刊的位置。排架错误率不超过3%。

（3）要求在2个工作日内完成期刊验收上架工作;要求当日报纸当日验收并上架。

（4）由库房人员接收并移交为馆内其他部门订购的报刊。库房人员须按工作单核对转出期刊的数量及转出部门等,准确无误后签收。及时与有关部门联系,办理移交手续。

（5）收到索书单后,应检查索书单内容是否有误,如无差错,应在30 分钟内将报刊取出,交予来取刊的阅览室人员。取报刊错误率不超过 0.5%。

（6）如遇到架上无报刊,应在计算机系统中予以查询,查明是否有记到信息,或检查出库登记单确定报刊是否借出,并在索书单上注明原因,以便准确答复读者。

（7）对从阅览室返回库房的报刊须进行认真检查,必要时应进行逐页翻阅,是否被剪、割、涂、画或夹带其他东西,保证保存本、基藏本报刊不破损,不丢失;返回库房的报刊须当日整理归架,不得积压。

（8）每月最少进行 1 次报刊的顺架及处理乱架的工作,保证报刊排架准确有序;应及时了解并掌握报刊品种与报期的变化,不定期地进行架位调整。架标应注明每排报、刊架存放哪些字头的期刊并随着架位调整及时更换。

（9）每月初须对上月的报纸进行整理及装订(平装),保证提供读者服务。精装报纸合订本必须保证平压 3 个月后入库,避免报纸合订本变形,影响保存和使用。

（10）下架装订、调拨、剔除报刊,须办理出库手续,需要开具携物出库单,由科组负责人签字后方可出库。

（11）报刊下架剔除及处理剔除报刊应严格遵守《国家图书馆剔除文献管理办法》。调拨报刊前须向上级主管部门提请报批,审批后方可执行。调拨手续齐全,原件交馆办秘书科保存;调拨报刊按规定加盖赠书章或注销章。做好调拨报刊的统计工作。

（12）做好报刊入藏和流通的统计工作,每月按时将上月统计数字上报。

（13）按照《国家图书馆馆藏文献库房管理条例》以及安全保卫工作的有关规定,严格入库制度,做好防盗、防火、防水、防虫蛀鼠害等方面的工作。

（14）每季度进行 1 次局部除尘,保持报刊周转库房地面、架面的整洁卫生。

第四条　善本特藏库房管理

包括善本、舆图、金石拓片、手稿等善本特藏文献的库房管理工作。

1. 藏品接收

[工作内容]

接收采编部门移交的新藏品，并及时上架。

[质量要求]

（1）包括善本古籍、新善本、外文善本、手稿、少数民族语文古籍、金石拓片、舆图、年画等在内的新藏品及新配置的函套、木盒等入库前，必须进行低温冷冻处理（在零下20℃条件下存放5至7日）。

（2）新藏品入库时，须对藏品编号、名称、卷册、版本、书品、数量等进行核对和清点，无误后交接双方在入库清单上签字交接。

（3）在新藏品入库登记簿上登记，内容包括入库日期、藏品种类、编号、名称、种（册）等项内容。

（4）新藏品入库后，须及时上架，不允许出现上架错误。

（5）按规定做好藏品入库统计并按时上报；年终须将本年度入库新藏品汇入各类藏品登记簿内。

2. 藏品流通

[工作内容]

根据读者阅览、缩微复制、文献修复、藏品展览、整理出版等各种业务需要，提归善本特藏文献。

[质量要求]

（1）读者阅览提取善本特藏文献，由阅览室人员持一式两份索书单至善本库提取藏品；库房人员根据索书单所填藏品编号、名称、卷册提出藏品。

（2）藏品出库时，双方人员须根据索书单，共同核对、清点藏品，无误后，在索书单上标注数量记录。如遇数量不符，阅览室人员不得接收。

（3）藏品归库时，双方人员仍须根据索书单及数量记录，共同核对、清点藏品，无误后，方可接收。同时在两份索书单上盖还书章，双方各执一份保存备查。

（4）采取得力措施防止藏品在流通过程中受损，须监护的藏品应切实尽到监护之责。

（5）提供阅览流通的藏品应在归库 30 分钟之内归架，不允许出现归架错误。

（6）缩微复制、文献修复等提归藏品的交接手续，按读者阅览提取藏品的规定办理。

（7）因藏品展览、整理出版外借藏品，应严格按照《国家图书馆文献利用条例》履行手续。

（8）按规定做好藏品流通统计并按时上报。

3. 藏品与库房管理

［工作内容］

藏品的归架与整理；温、湿度等方面的调节及处理；各类设备的使用与监测；装具验收；库房安全、库房除尘、卫生等工作。

［质量要求］

（1）藏品排架准确、规范、无误。不定期核查一次藏品有无缺失、错架，发现问题及时报告；有计划的一定时间内进行一次全面清点，做好记录。

（2）接触藏品须动作规范，避免人为损坏藏品；对藏品中脱落的片纸不可随意丢弃，务必妥善处理。

（3）做好藏品破损记录，及时提供藏品修复建议；善本特藏缩微及复制前的整理，要求前整理结果清楚、准确；藏品修复后归库时，应严格认真验收。

（4）及时提供藏品装具增添或更换的建议，新装具验收后及时更换、使用。

（5）每天检查库内温度、湿度，并做好记录。库房温度应保持在

16℃至22℃;湿度为45%至60%。如果发现异常,应及时通知有关部门。

(6)定期投放驱虫、灭鼠药物,在投放后10至15天清除。每季度进行1次虫害检查,每柜检查3至5函,并做好有关记录。

(7)每季度须使用干净软布或软毛刷进行一次藏品的除尘工作。

(8)每月集中擦拭架位、清扫地面1次,做到架上无尘土,地面干净无废弃物。维护库内整洁,保持良好环境。

4. 库房与藏品安全管理

[工作内容]

执行善本特藏库各项安全保卫制度,确保善本特藏库房及藏品的绝对安全。

[质量要求]

(1)严格执行文献库房管理的规定。每天按时开启、关闭库门,日常值班须两位以上工作人员在岗;下班离库前须锁好各道库门,切断所有电源。由科组长执行封库,须将所有库房外门锁定贴封。

(2)所有人员入库须严格执行入库登记和离库签出制度。非本部门人员入库需持主管馆长签署的入库证。非本库工作人员入库须由本库工作人员陪同。

(3)馆外人员因公入库或进库参观,须持主管馆长签署的入库证,并由馆内有关人员陪同,陪同人员须严格执行出入库登记制度。

(4)禁止穿携大衣和书包入库;严禁携带易燃易爆等危险品,易腐蚀易污染等有害化学物品入库。

(5)善本特藏为具有一定文物价值的国家财产,工作人员应具有高度的责任感,爱护藏品,严禁私自携藏品出库。

(6)库房内禁止摄影,如有特殊需要,须经部门主任批准。

(7)值班人员上班后,下班前须全面巡查库房,发现异常情况应及时报告,并做好记录。必要时要保护现场。

(8)确保库房门禁、水、电等设施安全有效及消防通道无挤占堵塞现象。

（9）周末及节假日前须由部门主管领导检查确认库房安全。

第五条　普通古籍库房管理

包括普通古籍库房的管理,方志家谱、地方文献等库房的管理工作参照执行。

1. 库房管理

［工作内容］

普通古籍库房管理包括藏品入库交接;藏品提取、归架整理;库房通风除尘、光、温、湿、虫等方面的调节及处理;各类设备的使用情况监测;函套的验收;修复提书的清点和对修复完毕的验收;业务统计、库房的安全、卫生等工作。

［质量要求］

（1）遵守入库规则。非库房管理人员需登记入库,非本部门人员需持部门负责人签发的入库证登记入库,并由库房管理人员陪同;馆外人员因公入库或进库参观,须持主管馆长签署的入库证,并由馆内有关人员陪同,陪同人员须严格执行出入库登记制度。

（2）文献入库或接收其他部门调拨文献,须按入库单清点签收,并保证在 3 日内上架流通,错误率不超过 0.1% 。

（3）接收新文献后,要按照3%的比率在系统中抽检文献与目录是否相符,发现无数据、错数据等问题应马上反馈编目部门或编目科组。

（4）按照索书单取书,普通古籍书库取书时间:前库不得超过 10 分钟,中库不得超过 15 分钟,后库不得超过 20 分钟。取书时应在相应位置放代书板。

（5）出借的文献归库时须认真清点核对,当阅览的索书单与库房的索书单完全一致时,在书库的索书单上加盖还书章,归库上架。

（6）文献归库上架应及时准确,上架后应将代书板及时取回,如发现错架现象应及时纠正。

（7）每季度进行 1 次局部整架与顺架。对库房容量做到心中有数，及时提出调整方案。

（8）每年轮流对各库各类文献进行一次文献实体与书目数据的核对并保存记录，藏书数量统计做到准确无误。

（9）因破损、虫蛀等原因而不再适合流通的文献，应随时登记，必要时经批准先停止流通。每年应整理一批残书，经报批后进行修复。修复古籍的出、入库须认真清点、验收，并做好相关记录。

（10）对函套的制作进行监督和验收，保证函套在制作前经过逐一的测量，选用材料不含酸性物质。函套应达到外观平整、挺括，无折痕，装上文献后松紧适中的标准。

（11）普通古籍为具有一定文物价值的国家财产，工作人员应具有高度的责任感，爱护图书，严禁私自携藏品出库。

（12）保证库房安全，提高警惕，防火防盗。每日下班前巡检 1 次，查门窗开关、电器、电线、消防设施是否处在安全状态。做好值班记录，发现问题及时报告，做到人走灯灭。

（13）库房根据天气状况开窗通风，冬季每星期 1 次，夏季每日 1 次，春秋季每 2 日 1 次。每次不少于半个工作日。

（14）协助文献保护部门做好库房内温度、湿度的检测工作，发现异常情况应及时报告。

（15）保持库房地面、架面整洁卫生，每季度进行 1 次局部除尘。

（16）按规定做好藏品入库和流通统计，并按时上报。

2. 文献剔除处理

［工作内容］

根据馆有关规定，对不再流通借阅的文献资料下架，进行数据处理后，移交相关部门进行剔除处理。

第六条　缩微文献库房管理

国家缩微文献库集中保存了全国各大公共图书馆在文献抢救工

作中拍摄完成的全部缩微胶片母片和第一代工作片。管理工作包括缩微母片、工作母片的出、入库登记,排架,流通,日常管理,业务统计,定期维护及胶片保护等。

1. 胶片出、入库管理

［工作内容］

质量检查合格后的母片登记,入库及制作拷底片时母片,拷底片出,入库。

［质量规范］

(1)母片经检查人员确认合格后,库房管理人员(以下简称"库管人员")与母片检查员根据清单一一核对清楚,签字确认后,库管人员做好母片入库登记。母片分类放置于母片库房相应位置,与登记单进一步核对。

(2)对制作完成的拷底片,库管人员应根据出库的母片清单进行核对并做好相关记录,拷底片分类放置于拷底片库房相应位置。

(3)母片、拷底片需出库时,库管人员需根据相关科组提交的清单(需要技术科科长及主任签字),及时提取出相应胶片。

(4)胶片出、入库时,当交接环境与胶片保存要求(温度,湿度)差距较大时,胶片需在过渡间放置 12 小时至 24 小时。

(5)把母片、拷底片提交给相关人员以及母片、拷底片返库时,均应清点胶片并当场签字确认,做到胶片、账目相符,并做好相关记录。

(6)胶片出纳手续应齐备,取片应迅速;还片后应及时销账、归架,排架应准确无误。

(7)做好胶片入藏和流通的统计工作,统计上报工作按照《国家图书馆业务统计规范》执行。要求统计及时、清楚、准确,适时进行有关业务统计分析。

2. 保存环境监控

［工作内容］

国家胶片库的日常管理和胶片保存环境的监控等。

［质量规范］

（1）保持库内及胶片架、柜卫生整洁,经常清扫、除尘。

（2）每年分批分期核对全部库藏一次,并及时向上级反映核对情况和存档。

（3）建立和严格执行出、入库胶片审批登记的规定,禁止私自携带胶卷出库。未经领导批准,非本室工作人员严禁入库。库房严禁存放私人物品,存放公物需经部主任书面批准。

（4）严禁携入食物和易燃、有放射性、有挥发性物品。随时注意防火、防水、防盗,定期检查库房的防火、防盗措施。确保胶片库安全。

（5）每工作日登记库房内温度、湿度。储存醋酸片基第一代缩微品的库房温度不高于 10℃ ,其相对湿度不高于 40% 。储存聚酯片基第一代缩微品库房温度应保持在 20℃ 以下,相对湿度不应超过 50% ;储存聚酯片基第二代缩微品的库房温度不高于 21℃ ,其相对湿度不高于 50% 。

（6）每日细心观察库房内是否有异味,禁止酸性及其他有害气体进入库房,注意防止尘土、有害气体及强光侵入。一旦发现异常,及时报告,以采取相应措施。

3. 胶片保护

［工作内容］

研究预防缩微胶片在永久保存过程中可能出现的问题;研究消除缩微品保存过程中已经出现的影响胶片寿命的种种迹象的方法。

［质量规范］

（1）不定期对胶片进行抽查,观察是否胶片产生油渍及质量发生变化,并做记录。凡在抽检中发现有霉斑、色变、粘连、脆裂等现象时,应将同批入库的胶片逐一检查,及时采取补救措施。

（2）严格执行国家相关技术标准,开展对母片与拷底片防衰变的研究和实验。撰写胶片保护的监测情况报告,及时提出科学、合理,可行性强的文献保护工作方案,为上级领导决策提供真实可靠的依据。

（3）密切注意搜索国际、国内有关缩微胶片保护的最新研究期刊、报纸、网站与最新专著上登载的有关缩微胶片保护的研究进展和最新成果。

第七条　音像资料与电子出版物库房管理

[工作内容]

音像资料、电子出版物(以下简称"资料")的接收,架位整理,以及业务统计,安全保卫、库房卫生等工作。

[质量要求]

(1)清点上道工序移交的各种载体、类型的资料,检查移交的资料是否完好;电子出版物或网络版数据库的交接还应做好盘带书、登录号码及用户密码等的交接。通过 ALEPH 系统逐盘扫条形码,改变单盘状态。发现有问题须及时返回上道工序处理。

(2)根据资料的载体类型、排号顺序进行整序、上架,排架错误率不超过 0.1%。

(3)收到索书单后,应检查索书单内容是否有误,如无差错,应 30 分钟内将资料取出,做好登记后交付提盘人,并保存好索书单。资料提取的错误率不超过 0.5%。

(4)从阅览室返回库房的资料须当日整理归架,不得积压。对返回库房的资料须进行检查,对不能正常读取、播放的资料提出处理办法,并保存好索书单。

(5)严格执行库房管理规定,出入库手续齐全准确。对非本库管理人员入库,按规定办理登记手续,并保存入库批件。

(6)严禁携带强磁性物品进入库房。

(7)确保资料安全,不丢不损,并按有关规定做好复制、备份工作。

(8)定期或不定期地进行倒架,对资料进行检查。对无法阅读使用的资料进行剔除,补缺的号码和数据要准确无误。

(9)按照国家图书馆有关规定,做好防盗、防火、防水、防虫蛀鼠害等方面的工作。

(10)库房温度保持在 20℃,相对湿度不高于 50%,以利于资料的长期保存。

（11）注意资料日常维护，保持盘面光洁，尽量避免落上灰尘并远离磁场。每季度进行 1 次局部除尘，保持库房地面、架面的整洁卫生。

（12）做好资料入藏和流通的统计，统计上报工作按照《国家图书馆业务统计规范》执行，统计项目填报齐全，统计数据真实准确，适时进行有关业务统计分析。

第八条　数字资源库房管理

［工作内容］

数字资源接收，架位整理，以及业务统计、安全保卫、库房卫生等工作。

［质量要求］

（1）按交接单清点入库数字资源数量。核对无误后，在交接单上签字。

（2）根据资源的载体类型、排号顺序进行整序、上架，排架错误率不超过 0.1%。

（3）根据入库情况，做好库房管理系统的维护管理。

（4）严格执行库房管理规定，出、入库手续齐全准确。对非本库管人员入库，按规定办理登记手续，并保存入库批件。

（5）严禁携带强磁性物品进入库房。

（6）不定期对数字资源进行检查。对无法读取的数字资源做好记录。

（7）按照国家图书馆有关规定，做好防盗、防火、防水、防虫蛀鼠害等方面的工作。

（8）库房温度保持在 20℃，相对湿度不高于 50%，以利于资料的长期保存。

（9）注意资料日常维护，保持盘面光洁，尽量避免落上灰尘并远离磁场。每季度进行 1 次局部除尘，保持库房地面、架面的整洁卫生。

（10）做好资料入藏的统计，统计上报工作按照《国家图书馆业务统计规范》执行,统计项目填报齐全,统计数据真实准确,适时进行有关业务统计分析。

第九条 复本库房管理

［工作内容］

接收各部门转入库房的剔除文献,进行数据变更、盖章、打捆;对剔除文献进行统一调拨或销毁处理。

［质量规范］

(1)定期接收各部门转入的待剔除文献,多余复本按规定办理交接手续。

(2)根据《国家图书馆剔除文献管理办法》的有关规定,对多余复本、因破损严重不能流通的文献进行下架剔除。

(3)剔除文献的处理遵照《国家图书馆剔除文献管理办法》《国家图书馆业务流程中文献管理办法》的规定,不徇私情,严格把关。

(4)剔除文献的调拨与销毁须填写《剔除文献处理单》,并报相关馆领导签批,于次年连同接收单位的公函、联系人证件的复印件、保证书、回执等材料办理归档手续。

(5)调拨与剔除处理的每册文献须加盖赠书章或注销章。

(6)作废品处理的文献应提交详细报文,内容包括书刊类型、来源、数量、破损情况及架位占用情况等。经批准后,方可操作。作废品处理文献时应派专人监销。

(7)相关部门按最终审批意见,联系废品处理单位完成具体事宜。包括以下工作:

①获得废品处理单位的介绍信;

②要求废品处理单位提供联系人的个人有效证件的复印件;

③对作废品处理的文献统一加盖国家图书馆注销章;

④要求废品处理单位开具销毁证明。

(8)调拨和剔除文献所有相关材料的原件交馆办存档。

第六章　参考咨询工作

第一条　定义

参考咨询工作是图书馆读者服务的一种形式,以客观社会需要为契机,以文献为纽带,通过各种方式为读者搜集、存储、检索、揭示和传递信息的业务过程。包括:馆内快速咨询、文献提供、专题咨询、立法决策服务、立法决策/参考咨询用户维护及立法决策/参考咨询档案管理等。

第二条　快速咨询

1. 馆内咨询

［工作内容］

为到馆读者提供咨询服务,快速引导读者或解答读者问题,对咨询问题进行过滤和分流。包括通过指引引导读者找到解决问题的部门和部位;通过介绍相关规定、规则、方法,指导读者使用图书馆的藏书与服务;通过自助设备为读者提供各类导引和查询服务等。

［质量规范］

(1)严格遵守《国家图书馆员工文明行为规范》和《国家图书馆业务工作监督考核办法》中的相关规定。

(2)对读者询问要认真对待,不能随意拒绝。

(3)回答读者咨询要有足够文献依据,提供资料准确可靠。

(4)指向性咨询应按照有关国家图书馆对外服务部门的职责范围、使用规定、分布地点的文件和关于馆外文献收藏和服务单位的指定的文件内容,迅速将读者指向能为其解决问题的部门和单位。馆内藏书和服务部门位置的指向要以国家图书馆路标及导向图为基准,确保读者以最佳路线顺利到达。

(5)指导性咨询要以国家图书馆相关规定为依据,熟练指导读者使用国家图书馆目录、OPAC 等。

(6)阅览室咨询辅导应熟悉本室收藏范围、重要藏书的内容及来源;本室收藏重要文献的馆内外分布情况。

(7)搜集整理提供必备资料作为咨询的根据,准备必要查询工具供读者阅览。

(8)需要通过提供较多文献解答的咨询或涉及较深的专门文献知识的咨询,应及时接转给相关部门。接转要一次到位,形成"闭环"。

(9)做好值班记录、统计及档案管理工作。

(10)定期分析读者咨询的普遍问题,提出改进建议转相关部门。

(11)对咨询问题的内容特点、用户需求行为等定期分析,提交年度分析报告。

2. 网络咨询

[工作内容]

借助计算机网络技术,为远程通过网络访问的读者提供咨询服务,快速引导读者或解答读者问题,对咨询问题进行过滤和分流。包括通过指引引导读者找到解决问题的部门和部位;通过介绍相关规定、规则、方法,指导读者使用图书馆的藏书与服务等。

[质量规范]

(1)参照馆内快速咨询的质量规范。

(2)搜集整理提供必备资料作为咨询的根据,并向读者提供必要文献资料,如必要查询工具的电子版供读者查阅。

(3)实时对话要求回答同步即时、用语规范、措辞简练、突出重点。

(4)非实时咨询要求回答详尽准确,根据相关规定的时限,按时回复。

(5)邮件咨询要求根据内容及时回复或转发相应部门,直接回复要求回答详尽准确,根据相关规定的时限,按时回复;转发相关部门的邮件要求一次到位,形成"闭环"。

(6)做好值班记录、数据备份、统计以及档案管理工作。

3. 电话咨询

［工作内容］

为远程通过电话访问的读者提供咨询服务,快速引导读者或解答读者问题,对咨询问题进行过滤和分流。包括通过引导读者找到解决问题的部门和部位;通过介绍相关规定、规则、方法,指导读者使用图书馆的藏书与服务等。

［质量规范］

(1)参照馆内快速咨询的质量规范。

(2)回答应礼貌亲切、用语规范、措辞准确精练、突出重点。

(3)IP呼叫中心应做好数据备份,并协助做好自助语音系统知识库的更新以及系统的维护工作。

第三条　文献提供

1. 文献传递

［工作内容］

受理委托查询、文献查询及传递、建立读者档案、完成相关工作统计等。

［质量规范］

(1)严格遵守《国家图书馆员工文明行为规范》和《国家图书馆业务工作监督考核办法》的相关规定。

(2)接受到馆读者各种类型的委托查询;接受非到馆读者通过电话、传真、信函、电子邮件等各种形式的委托查询。要求读者填写委托单(可通过系统平台、电子邮件等形式),提交所需要的文献目录。

(3)及时回复读者查询需求,应在2个工作日内完成回复工作。对于无法满足的读者委托,也要及时将情况告知读者。

(4)按照读者需求,完成文献的检索、提书刊、送复印、扫描、装订、核对等工作。

（5）熟练准确地完成文献查询工作，保证馆内查全率在 90% 以上，查准率 98%（查全率是指实际检索途径、文件范围与应检索途径、文件范围的比；查准率是指提供文献的准确率）。

（6）将文献提供结果按读者需要的形式交付读者。

（7）文献提供限制在合理使用的范围之内，引述文献需要注明出处与原责任者；当读者需要提供的文献超出合理使用范围时，应向对方申明相关的版权事项，必要时用书面方式做出声明或取得读者承诺。

（8）建立读者档案，随时查询用户信息，催办欠款等。对文献传递系统数据及往来账目的登记要做到清楚无误。

（9）严格执行财务制度，按与用户签订的协议和馆定收费标准，办理收费事宜，收款一律开具票据。

（10）统计上报工作按照《国家图书馆业务统计规范》执行，统计项目填报齐全，统计数据真实准确，适时进行有关业务统计分析。

2. 国内馆际互借

［工作内容］

建立和发展互借关系、受理文献请求、文献查询及提供、提出文献申请、建立互借档案、完成相关工作统计等。

［质量规范］

（1）严格遵守《国家图书馆员工文明行为规范》和《国家图书馆业务工作监督考核办法》的相关规定。

（2）严格遵守国家图书馆馆际互借规则及申请程序。

（3）建立和发展与国内各图书馆之间的互借关系并进行广泛联络，大力宣传国家图书馆馆际互借业务，积极发展新成员馆，加强馆际之间的交流与合作。

（4）受理与国家图书馆建立馆际互借关系的国内各图书馆及其文献保障机构借阅国家图书馆馆藏文献的请求。及时回复成员馆的查询需求，回复工作应在 2 个工作日内完成。

（5）应尽量满足馆际互借成员馆对文献的需求，国家图书馆未收藏的文献，可向国内其他成员馆索取。

（6）对国内互借请求中国家图书馆未收藏的文献（特别是正式馆藏范围内的），应到相应国内图书情报单位查找并复印补藏，留存备用。

（7）按时完成检索、查询、提书刊资料、送复印、装订等工作，将文献以成员馆要求方式交付。

（8）借出图书到期应及时催还。

（9）当获知国家图书馆缺藏的保存本文献时，应向中文采编部反馈，提议向建立馆际互借关系的单位提出文献需求申请。每月催询一次。

（10）接收成员馆提供的文献，及时提供给需求单位，借入文献要按时归还。

（11）文献查询应保证馆内查全率在 95% 以上，查准率在 98% 以上。

（12）及时建立并登记馆际互借档案。每笔业务应及时登记建档，对文献传递系统数据及往来账目要做到清楚无误。

（13）严格执行财务制度，按与用户签订的协议和馆定收费标准，办理账务往来。

（14）统计上报工作按照《国家图书馆业务统计规范》执行，统计项目填报齐全，统计数据真实准确，适时进行有关业务统计分析。

3. 国际馆际互借

［工作内容］

建立和发展互借关系、受理文献请求、文献查询及提供、提出文献申请、建立互借档案、完成相关工作统计等。

［质量规范］

（1）严格遵守《国家图书馆员工文明行为规范》和《国家图书馆业务工作监督考核办法》的相关规定。

（2）严格遵守国际版权法和各国借阅规则，严格执行国家图书馆国际互借的申请程序。

（3）建立和发展与国际上各图书馆之间的互借关系并进行广泛联络，大力宣传国家图书馆馆际互借业务，加强馆际之间的交流与合作。

（4）受理与国家图书馆建立馆际互借关系的国外各图书馆对国家图书馆馆藏文献的需求。及时回复查询需求，回复工作应在 2 个工作日内完成。

（5）应尽量满足国外图书馆对文献的需求，国家图书馆未收藏的文献，可向其他成员馆索取。

（6）对国际互借请求中国家图书馆未收藏的文献，应到相应国内图书情报单位查找并复印补藏，留存备用。

（7）按时完成检索、查询、提书刊资料、送复印、装订等工作，将文献以成员馆要求方式交付。

（8）借出文献到期应及时催还。

（9）当获知国家图书馆缺藏的保存本文献时，应向中文采编部反馈，提议向建立馆际互借关系的单位提出文献需求申请。每月催询一次。

（10）收到对方回复的结果，须与读者签订版权协议。

（11）将文献以读者所需方式交付读者。

（12）及时回复读者查询需求，回复工作应在 1 周内完成。

（13）接收成员馆提供的文献，借入文献要按时归还。

（14）文献查询应保证馆内查全率在 95% 以上，查准率在 98% 以上。

（15）及时建立并登记馆际互借档案。每笔业务应及时登记建档，对文献传递信函及往来账目要做到清楚无误。

（16）严格执行财务制度，按与用户签订的协议和馆定收费标准，办理账务往来，做好外汇结算工作。

（17）统计上报工作按照《国家图书馆业务统计规范》执行，统计项目填报齐全，统计数据真实准确，适时进行有关业务统计分析。

第四条　专题咨询

接受用户委托的专题咨询,包括舆情咨询、专题文献整理与综述、科技查新、文献查证等。通过定题检索、跟踪服务、编制专题书目、撰写检索报告、综述分析报告、推送服务等咨询方式,形成咨询结果,提供给用户。

1. 舆情咨询

[工作内容]

承接用户咨询委托,签署委托书或服务协议;采用先进技术手段,进行信息检索、信息实时跟踪、信息自动采集与加工;按用户指定日期提交实时监测报告、行业分析报告、舆情综述分析报告等;开展舆情咨询的网络推送服务;对舆情监测系统与情报监测系统进行管理。对用户咨询数量进行统计,并对咨询项目的内容特点、用户需求行为等定期分析,提交年度分析报告,并对业务工作的发展提出可行性建议。

[质量规范]

(1)遵守规范、签订协议。严格遵守《国家图书馆员工文明行为规范》和《国家图书馆业务工作监督考核办法》中的相关规定,接待用户应使用规范用语。深入细致地了解用户需求,通过签署委托书方式与用户达成服务协议。

(2)重视基础数据收集、数据涉及范围广泛、数据收集准确及时。针对用户需求,采用自动化舆情监测系统与人工分析结合的方法,在用户指定时间内收集比较完整和准确的基础数据。数据范围覆盖平面媒体、电视媒体、网络媒体、博客博文、论坛发帖、平面媒体跟帖评论、博客跟帖评论、论坛跟帖评论等。

(3)指标设计科学有效、数据统计严格准确。参考国内最新舆情研究成果,结合用户舆情监测需求,设置针对性的舆情分析指标,指标设计有科学依据,并且利于数据的收集和整理,同时能够利用有效的软件工具和舆情监测系统对数据展开综合统计和分析。

（4）在用户指定时间内完成多层次、多类型的舆情分析报告，舆情报告撰写科学规范、客观准确，报告中无常识性错误，准确率不得低于99%。

（5）为用户提供完整的工作流程，与用户保持良好沟通，在开展事件舆情监测、行业舆情监测的同时，能够为用户提供整体行业（部门）信息咨询方案，提供包括舆情信息在内的综合性行业（部门）监测信息，信息来源真实、内容准确、提供快捷。

（6）加强文档管理和售后服务。对所负责的咨询方案进行总结，记录咨询过程，并对签署后的服务协议、项目工作单、服务内容进行整理备案，归档管理。

（7）统计工作按照《国家图书馆业务统计规范》执行，统计项目填报齐全，统计数据真实准确，适时进行有关业务统计分析。

2. 专题文献整理与综述

［工作内容］

承接咨询委托，签署委托书或服务协议，进行检索与查询，编制专题书目，撰写专题查询报告、综述分析报告等。

［质量规范］

（1）严格遵守《国家图书馆员工文明行为规范》和《国家图书馆业务工作监督考核办法》中的相关规定，接谈要使用规范用语。

（2）通过接谈或与读者信件往来正确了解读者对专题文献的需求，并通过签署委托书方式与读者达成服务协议。使用统一格式的咨询委托单，委托书或服务协议书文字表达要清晰准确，避免歧义。

（3）针对读者问题及要求，使用电子型和印刷型文献资源检索与查询所需专题文献，检索与编制专题文献要尽量全面、准确。

（4）对检索与查询到的专题文献进行分类、整理、排序后，编制专题书目，要求排列有序、准确无误。

（5）在全面搜集、阅读大量专题研究文献的基础上，经过归纳整理、分析研究，撰写完成综述分析报告，要求对一定时期该专题的研究成果、存在问题及新的发展趋势进行系统、全面的叙述和评论。

(6)将专题咨询结果用书面文字答复读者。专题咨询结果答复要全面完整。对于未能查询到结果的咨询课题要注明已经查询过的文献源。

(7)需要相关原始文献支持的专题咨询解答,应附上相应文献的复印件。

(8)应在与读者约定的时间范围内完成咨询委托。

(9)对读者咨询问题数量进行统计,并对咨询问题的内容特点、用户需求行为等定期分析,提交年度分析报告。

(10)做好专题咨询档案的建档与归档工作。

(11)统计工作按照《国家图书馆业务统计规范》执行,统计项目填报齐全,统计数据真实准确,适时进行有关业务统计分析。

3. 科技查新

[工作内容]

科技查新是查新机构根据查新委托人的要求,围绕项目的科学技术内容,针对查新点即项目的创新点,查证其新颖性,并做出结论的一项信息咨询服务工作。科技查新工作内容包括接谈、办理承办手续、实施文献检索、撰写查新报告以及对查新程序、查新报告的内容与格式进行审核,并提出审改意见等。

[质量规范]

(1)查新工作遵照《GB/T 32003—2015 科技查新技术规范》《国家图书馆科技查新业务规范》《国家图书馆员工文明行为规范》和《国家图书馆业务工作监督考核办法》中的相关规定执行。

(2)接谈查新委托咨询时,要求委托人初步填写查新委托单,委托单使用规定格式。检查委托单是否据实、完整地提供查新所必需的资料。

(3)判断查新项目所属专业是否属于国家图书馆承担查新业务的受理范围,接受查新委托,应根据需要查新的科学技术内容和要求等与查新委托人协商,签署委托服务协议。如查新项目不属于国家图书馆承担查新业务的受理范围,则转引读者到其他单位。

（4）审查委托人提交的材料,根据委托人提供的材料,要求由项目（课题）负责人或掌握课题全面情况的研究人员按查新要求详细填写查新委托单的必填项目,与委托人约定报告完成时间并根据国家图书馆查新收费标准确定收费额,委托服务协议一式两份（双方各执一份）。

（5）确定检索文献的类型和检索时间范围、选择检索工具、制定检索策略,实施文献检索;文献检索要求全面准确,尽可能节省联机时间,降低检索费用。

（6）撰写查新报告应采用科技部统一规定的格式;内容及提交的时间和方式符合查新委托双方的约定。

（7）查新结论应当客观、公正、准确、清晰地反映查新项目的真实情况,不得误导。查新结论应当包括相关文献检出情况、检索结果与查新项目的科学技术要点的比较分析、对查新项目新颖性的判断结论。

（8）对比分析要针对查新点进行定性、定量分析,对比分析所用资料来源引用要准确,引用资料的数据要准确;对于相关度高的文献,不能漏引。

（9）查新结论的措辞必须严谨、确切、文风朴实、言简意赅。查新报告应当采用描述性写法,使用规范化术语,文字、符号、计量单位应当符合国家现行标准和规范要求。

（10）查新报告须经过查新审核员审核,查新审核员须审查查新程序是否规范;选择的检索词及分类栏目是否恰当;确定的检索工具书、数据库选择是否合适;检出的文献是否为同类研究文献;可比文献是否恰当;收集到的相关文献是否齐全;对提出的文献判读是否正确;查新结论是否客观和准确。

（11）查新审核员对查新报告提出审改意见,及时通知查新员对查新报告进行修改或补充,确保查新报告的质量。根据审核意见修改之后定稿,查新员与审核员双方签字盖章,提交委托人。

（12）查新报告审核项目全面,审查意见客观;经审核后的查新报告在各方面满足《GB/T 32003—2015 科技查新技术规范》《国家图书馆科技查新业务规范》要求,无明显漏洞和缺陷,查新报告要规范,并向查新员提出审查意见;在查新报告终稿签字。

(13)建立查新档案。查新档案包括查新项目的资料、查新委托单、查新报告及其附件、查新员和审核员的工作记录等,分为电子档案和文本档案两部分,电子档案必须包括查新报告和附件。每一个查新项目的相关材料由该项目的查新员收集、整理、归档。项目完成后,查新员应及时进行存档。设专用保密文件柜收藏文本档案,由专人管理。

(14)统计工作按照《国家图书馆业务统计规范》执行,统计项目填报齐全,统计数据真实准确,适时进行有关业务统计分析。

4. 查证咨询

[工作内容]

文献查证是根据委托人的要求,查询学术论文在国内外著名检索系统中的收录和引用情况及反映期刊质量和影响的定量指标,并依据检索结果,出具检索报告的一项咨询服务。查证咨询工作内容包括承接咨询、签署委托服务协议、检索查询、撰写检索报告等。

[质量规范]

(1)严格遵守《国家图书馆员工文明行为规范》和《国家图书馆业务工作监督考核办法》中的相关规定,接谈要使用规范用语。

(2)承接查证咨询后,要求委托人提供已发表的论文目录等材料,并初步审查委托人提交的相关材料。

(3)根据委托人提供的材料,协助委托人填写"文献查证委托单",详细填写各项栏目,告知委托人查证收费标准,与其签署委托服务协议书。

(4)论文查询严格按委托服务协议书要求执行。

(5)依据检索结果撰写检索报告,检索报告须统一格式、统一编号,核心内容应包括:检索项目名称、委托单位或委托人、检索工具、检索期限、检索报告人、检索时间、检索结果等。检索结果中收录引用的详细情况须在附件中予以记录。

（6）提供给委托单位或委托人的检索报告要客观公正、准确无误，须加盖检索机构公章，附件须与检索报告正文一起骑缝盖章。

（7）建立查证档案。档案内容包括文献查证委托单、委托服务协议、论文目录、检索报告及其附件，每一个查证项目的档案材料应当由该项目的承办人收集、整理、归档。档案包括电子档案和文本档案两部分。

（8）统计工作按照《国家图书馆业务统计规范》执行，统计项目填报齐全，统计数据真实准确，适时进行有关业务统计分析。

第五条　立法决策服务

1. 日常咨询服务

［工作内容］

（1）完成来自中央国家机关的各种形式的文献信息咨询服务请求，并通过口头、书面、电子等各种方式予以答复。

（2）完成中央国家机关重要会议及重大政治活动的文献信息咨询和保障工作。

（3）在日常咨询服务中，建立和保存中央国家机关立法决策咨询业务档案。

［质量规范］

（1）立法决策日常咨询服务严格遵照《中华人民共和国保守国家秘密法》《国家图书馆员工文明行为规范》《国家图书馆业务工作监督考核办法》《国家图书馆中央与国家机关立法与决策服务工作条例》和《国家图书馆为中央国家机关立法决策服务保密工作管理办法》中的相关规定执行。

（2）承接立法决策咨询服务任务，任务下达和完成情况须按规定执行下达或报告制度。如遇重大咨询，须在第一时间向馆领导和相关部门通报。

（3）对立法决策日常咨询服务内容特点、用户需求行为等进行定期分析,并提交分析报告。

2. 立法决策咨询网络服务

[工作内容]

(1)根据国家图书馆数字资源和服务特点,以及服务对象具体要求,利用国家图书馆立法决策服务平台、国家电子政务网络和服务对象内网,为中央国家机关提供网络服务。

(2)针对不同中央国家机关的特点和要求,有针对性地策划、设计及组织实施相关网站的结构设计和内容建设。

(3)根据网站内容特点和用户要求,对所建设网站的数据更新、网站维护、网站访问量统计与分析工作。

[质量规范]

(1)除与服务对象单独约定外,立法决策咨询网站服务的质量规范参照国家图书馆网站制作、管理与维护的各项技术标准和要求执行。

(2)立法决策咨询网站服务的各项工作须严格执行国家关于信息安全与保密的有关规定和要求及《国家图书馆立法决策服务保密办法》中的相关规定,加强对网上信息的保护,防止非法用户对网站的操作和破坏,确保网站安全运行。

3. 立法决策专项资源建设

[工作内容]

根据国家图书馆立法决策服务内容特点及服务对象需求,以国家图书馆藏文献资源为依托,以纸质和电子等形式制作专项资源。在进行立法决策专项资源建设过程时,须制订有完备的工作方案,其内容应包括加工内容、加工形式及技术标准,质量标准及质量控制办法,发布范围、发布及维护方式、密级和归档要求等。

[质量规范]

(1)除与服务需求方约定资源建设标准外,立法决策专项资源须参照《国家图书馆数字资源建设标准》等标准进行建设。

（2）立法决策专项资源建设的各项工作须严格遵照《国家图书馆立法决策服务保密办法》中的相关规定执行。

第六条 立法决策、参考咨询用户维护

［工作内容］

掌握文献收藏分布情况；了解用户需求；提出用户需求解决方案；对用户进行服务反馈；对用户需求行为做定期分析；针对零散服务用户和长期服务用户推送相关信息和服务。

［质量规范］

（1）严格遵守《国家图书馆员工文明行为规范》和《国家图书馆业务工作监督考核办法》中的相关规定，接待用户口头、电话、邮件以及上门推介的业务，咨询要使用规范用语。

（2）了解馆藏和其他主要文献收藏机构文献分布情况，熟悉本科室的信息源范围、网络资源、数据资源等业务情况，了解咨询行业报价策略，并将此作为提供咨询的根据。

（3）通过交流对用户需求提出项目解决方案以及报价方案，对初步确定的项目交由具体承办人员起草服务协议，并进行咨询项目服务方案的实施。

（4）对所负责的咨询方案进行跟踪并定期对用户进行服务意见建议反馈，迅速解决服务中出现的问题，提高用户满意度，维护良好的用户关系。

（5）对用户咨询数量和深度进行统计，并对用户需求行为等定期分析，针对零散服务用户和长期服务用户提交年度分析报告。

（6）根据不同类型用户的特点和兴趣及潜在需求，推送相关信息和服务，稳步增加长期用户量和业务量。

（7）进行服务拓展，积极扩大服务业务的影响力，对业务工作的发展提出可行性和创新性的建议。

第七条　立法决策、参考咨询档案管理

[工作内容]

收集各类咨询工作的原始材料,进行分类、登记、整理,建立档案数据库等。

[质量规范]

(1)咨询档案收集范围包括参考咨询服务部门在快速咨询、专题咨询、立法决策服务等业务中产生的各类原始档案材料。

(2)依据咨询工作类型对收集的档案进行分类整理,填写参考咨询档案登记表,完整准确记录用户姓名、工作单位、联系方式、咨询受理时间;参考咨询人员的基本信息,以及咨询检索过程、文献提供情况、咨询结果、完成日期,咨询效果反馈等信息。咨询档案登记要求准确、详细,保证咨询工作档案系统化、完整化。

(3)根据咨询档案数据库的设计内容,准确录入有关数据。错误率不超过3%。

(4)档案数据录入完毕以后,须逐项检查档案中各项数据,确保准确无误。

(5)开展对各类咨询档案的研究,让咨询档案在现实咨询工作中发挥更大的作用。

(6)统计工作按照《国家图书馆业务统计规范》执行,统计项目填报齐全,统计数据真实准确,适时进行有关业务统计分析。

第七章 数字资源建设工作

第一条 定义

数字资源建设是数字图书馆信息服务的基础。包括数字资源建设项目申请与可行性调研；制订数字资源建设与规划；检验软、硬件环境和条件；下达数字资源建设任务书；数字资源制作；数字资源服务；数字资源管理与维护、数字资源统计、数字图书馆推广与合作等。

第二条 数字资源建设项目立项与可行性调研

［工作内容］

接受不同渠道提出的，包括通过国家、社会用户、馆方、国家图书馆业务部门等多渠道提出的数字资源建设项目申请，根据项目申请报告组织相关人员开展立项前的可行性调研分析；组织对准备制作的数字资源进行小批量试验，制定各种制作标准，拟订验收标准，测算制作成本及估算任务所需时间；根据调研及分析情况拟写可行性调研报告，提交馆领导供决策参考。

［质量规范］

（1）根据各渠道提交的数字资源建设项目申请，组织工作人员详细了解和分析、调查项目申请需求。

（2）在详细了解项目申请需求的基础上，再进一步从社会效益、经济效益等多角度对市场需求、是否有相关产品以及馆藏文献情况展开充分调研、分析、评估，拟写可行性调研报告。

（3）组织相关部门的人员对准备制作的数字资源进行小批量试验。要考虑多种因素对今后规模化生产以及资源发布、使用带来的影响。

（4）制定标准时，须参照行业标准，同时要充分参考试验结果。根据试验结果制定各种制作标准，根据制作标准拟订验收标准。制定的制作标准要规范、合理。

（5）根据试验过程测算出制作成本及估算任务所需时间。

（6）可行性调研报告要求客观、尽可能全面，要对调研工作进行分析，给出结论。

第三条　制订数字资源建设规划与计划

［工作内容］

根据获馆方批准的数字资源建设可行性调研报告，按照文献的社会需求、资金、文献量等情况编制国家图书馆数字资源建设的近期、中期、长期规划，并将编制完成的建设规划报馆方批准。

［质量规范］

制订数字资源建设规划时，要兼顾社会需求、经费以及工作量等情况。

第四条　检验软、硬件环境和条件

1. 硬件环境

［工作内容］

评估已有硬件设备的制作能力，对达不到要求的硬件设备给出扩充建议，办理扩充设备的报批手续。

［质量规范］

（1）制作部门在接受任务前应对已有硬件设备的制作能力进行评估。评估要求客观、准确、充分。

（2）若硬件设备达不到要求，应预先给出扩充建议。给出的设备扩充建议要符合实际。

（3）按相关规定办理设备的报批及相应资产手续。

2. 软件环境

［工作内容］

对已有软件的制作能力进行评估,若达不到任务制作要求,应根据任务要求拟写软件需求说明书。根据需求说明书对已有软件或市场已有类似软件进行需求分析,确定软件并根据需求做局部修改、测试、评审,以最终达到要求。将通过测试合格的软件投入试运行。

［质量规范］

(1)制作部门在接受任务前应对已有软件的制作能力做出正确的评估,确定软件是否能满足新任务的制作要求。

(2)若已有软件达不到任务制作要求,则系统使用人员和系统开发人员应针对已有软件及新任务需求编写软件需求说明书,移交系统开发人员。

(3)在编写软件需求说明书和软件开发、修改过程中,要求系统使用人员和开发人员做到及时、充分的交流沟通。

(4)新开发或修改的软件应满足软件需求说明书要求。

(5)软件的人机界面要友好。

(6)软件功能要具有可扩充性、易维护性、可重用性、安全性等。

(7)软件测试要严格按照软件需求说明书进行,并充分考虑到各种因素对系统的影响。

(8)软件申请验收,应提交用户软件需求说明书、用户手册、测试报告等资料。

第五条　下达数字资源建设任务书

［工作内容］

(1)编写数字资源制作任务书,上报馆方审批,批准后正式签订任务书。

(2)编写数字资源制作标准和验收标准。

［质量规范］

（1）数字资源制作任务下达部门应根据馆方审批通过的数字资源建设规划以及当年具体任务，组织相关部门或人员编写当年的数字资源建设任务书（或合同），并在上报馆方审批前将任务书与相关承接部门充分沟通，达成相对一致的意见。

（2）在数字资源建设任务书（或合同）中，应明确数字资源制作的内容、数量、制作标准、验收标准、成品提交方式、完成时间、费用支付方式、奖惩办法等内容。

（3）任务书（或合同）中包含的内容要明确，要具有可操作性。

（4）任务书在正式下达前，任务承接部门应对内容、数量、制作标准、完成时间、经费等内容进行充分的论证，确保任务能保质保量按期完成。

（5）数字资源制作标准和验收标准由数字资源制作任务下达部门，组织相关部门或人员编写。标准的编写应在参照行业标准的同时，充分参考试验结果，并与任务承接部门、发布部门充分沟通。

（6）正式下达的任务书由数字资源制作任务下达部门与任务承接部门双方签字生效。任务承接部门与馆方签订任务书后，应根据任务书要求定期向任务下达部门报告任务完成情况。

（7）任务下达部门应及时对任务承接部门提出的各种问题给予答复并协助解决。

第六条　数字资源制作

1. 视频数字化

［工作内容］

制订工作方案，细化加工标准；进行视频文献的数字化转换；转换完的资源刻制成光盘，加工登记后保存。

［质量规范］

（1）根据任务书（或合同）要求制订工作方案，编制或调整工作流程、设计工作表单。设置工作流程和编制工作表单要切合实际、合理有效,能对整体工作起到规范和质量控制的作用。

(2)细化加工标准是根据任务书(或合同)要求,对各工序加工技术要求进行细化,做到清晰、明确,用于指导各工序的生产。

(3)视频的数字化转换根据视频载体格式分成两大类进行,一是先采集再转换,二是直接转换。根据任务书要求进行数字化格式的转换,在数字化转换过程中要求转换格式正确、段落统一、标记准确。

(4)根据格式的不同,保证图像清晰度一致。

(5)保证选用音频正确得当、通顺流畅、前后一致。

(6)转换完的资源在刻成光盘前必须进行质量检查,无质量问题再进行刻盘。

(7)根据任务书要求,对数字化光盘进行打贴标、登记、装盒保存。保存的光盘加工登记准确无误。

(8)发现原始载体等问题及时解决。

(9)随机抽取视频片段,数据错误率不得超过1%(数据错误率=累计报错次数/累计抽取片段)。

(10)其他质量要求见任务书(或合同)。

2. 音频数字化

[工作内容]

制订工作方案,细化加工标准;进行音频文献的数字化转换;转换完的资源刻制成光盘,加工登记后保存。

[质量规范]

(1)根据任务书(或合同)要求制订工作方案,编制或调整工作流程、设计工作表单。设置工作流程和编制工作表单要切合实际、合理有效,能对整体工作起到规范和质量控制的作用。

(2)细化加工标准是根据任务书(或合同)要求,对各工序加工技术要求进行细化,做到清晰、明确,用于指导各工序的生产。

(3)音频的数字化转换根据音频载体格式分成两大类进行,一是先采集再转换,二是直接转换。根据任务书要求进行数字化格式的转换,在数字化转换过程中要求转换格式正确、段落统一、标记准确。

（4）保证音频质量。

（5）转换完的资源在刻成光盘前必须进行质量检查,无质量问题再进行刻盘。

（6）根据任务书要求,对数字化光盘进行打贴标、登记、装盒保存。保存的光盘加工登记准确无误。

（7）发现原始载体等问题及时解决。

（8）各种数据综合错误率不得超过1%。

（9）其他质量要求见任务书(或合同)。

3. 纸质文献全文影像数字化

［工作内容］

制定工作方案,细化加工标准;文献影像数据制作,文献元数据制作;数据质量总检;数据格式转换、刻盘、打号、贴标、登记、装盒等。

［质量规范］

（1）编制的工作流程和工作表单要切合实际、合理有效,能对整体工作起到规范和质量控制的作用。

（2）各工序加工技术要求应细化,并且清晰、明确。

（3）文献影像数据制作,制作过程主要包括:对文献进行整理、对文献进行扫描、图像处理、校对、纠错、再校对等。应根据任务书及制作标准对文献进行如下处理:

文献整理:文献整理人员根据该工序要求以及预先设计好的文献特征记录表格对文献基本特征进行准确登记;若文献可拆,还要确保拆装后的文献无损归还。

文献扫描:扫描人员根据该工序要求,对经过整理的文献内容按不同的扫描方式、扫描分辨率、保存格式进行扫描前的参数设定并批量扫描。扫描完成的图像要求其图像文件名、扫描方式、扫描分辨率、保存格式准确;图像清晰、亮度适中、页码准确。

图像处理:图像处理人员根据该工序具体要求,对扫描图像进行逐一检查,当发现扫描图像上有污迹以及图像偏斜问题时,工作人员应利用图像处理软件对图像进行去污、纠偏处理;发现图像模糊应提取文献补扫。图像处理要求:图像清晰、图像版心外无污迹、偏斜不超过1度。

校对:校对人员根据该工序具体要求,对照文献原件对文献的所有图像文件逐一进行检查,其内容主要包括:图像质量、图像的排列次序等,不能有缺页、错页的错误。校对人员在发现问题时应及时记录,并将记录及有问题的文件提交纠错人员进行更正,然后再校对,直至将完整的文献图像完全达到质量要求,再提交数据格式转换人员。

纠错:纠错人员根据校对人员提交的问题记录对指定文件的错误进行处理,并进行文件替换,将合格文件再次提交校对人员进行校对。

质量要求:文献影像数据制作的综合错误率不得超过1‰。

(4)文献元数据制作,是将文献的各种特征以多个可用于检索的数据库方式进行表现。根据该工序加工技术要求,将文献的目次页内容录入到可用于检索的数据库中,并进行校对、纠错等处理。应根据任务书及制作标准生成相应的可用于检索的数据。其主要工作包括:文献书目数据的制作、文献目次标引、文摘提要的全文识别、文献结构信息制作、文献基本信息制作等。上述元数据的制作可视具体文献的情况及任务书要求进行增减。

书目数据库:采用CNMARC格式,按任务书要求在指定的系统上对文献信息进行著录。书目数据的各项错误率不得超过1%。

目次数据库:按照任务书的格式要求,对文献目次页内容逐一进行录入,生成可供检索的目次数据库。目次数据库要求:命名准确、文字处理错误率不得超过0.3‰。

文摘提要的全文识别:按照任务书的要求,对文献的文摘提要进行全文识别。全文识别可采用OCR识别软件完成。但对于图像质量较差,使用识别软件无法达到质量要求的,应采取人工录入的方式进行。文摘提要的全文识别要求:命名准确、文字处理错误率不得超过0.3‰。

文献基本信息库:按照任务书的格式要求,将文献的基本信息(可取自书目数据库)与该文献影像数据的唯一标识准确对应而生成文献基本信息库。文献基本信息库要求:命名准确、文字处理错误率不得超过 0.3‰。

其他元数据库依任务书及制作标准另定。

(5)总检人员根据任务书及制作标准,对制作完成的文献影像数据和文献元数据按各自规定的抽检比例进行最终的质量检查;凡是对文献进行过拆装的,还要对文献的装订情况进行抽查。当抽检不符合规定要求时,应给予退回处理。

(6)对经总检达到质量要求的成品数据,工作人员按照任务书及制作标准要求分别对其进行格式转换,根据该工序具体要求进行刻盘,刻盘后要求对光盘存储数据逐一进行读取检查。刻盘后的成品数据要求命名准确、无坏死文件、无黑屏,文件不携带病毒。

(7)打号、贴标、登记、装盒工作,要求工作人员按编号规则正确打印并按要求贴到指定的位置。

(8)要求制作完成的数字化成品其书目数据、图像数据、目次数据的链接准确一致。

(9)数字化加工后的纸介文献,应确保无损归还。

(10)其他质量要求见任务书(或合同)。

4. 缩微文献数字化
[工作内容]

制订工作方案,细化加工标准;缩微文献影像数据制作,文献元数据制作;数据质量总检;数据格式转换、刻盘、打号、贴标、登记、装盒等。

[质量规范]

(1)编制的工作流程和工作表单要切合实际、合理有效,能对整体工作起到规范和质量控制的作用。

(2)各工序加工技术要求应细化,并且清晰、明确。

(3)缩微文献影像数据制作,制作过程主要包括:对缩微文献进行影像扫描、影像前检、补扫、图像处理、校对、纠错、质检等。应根据任务书及制作标准对缩微文献进行如下处理:

缩微文献的影像扫描:扫描人员根据该工序要求,将缩微胶片安装在缩微扫描仪上,按规定的扫描方式、扫描分辨率、保存格式进行扫描前的参数设定并批量扫描。要求其扫描方式、扫描分辨率、保存格式准确;扫描完成的图像清晰、亮度适中、页码准确,如实表现缩微文献的影像信息。扫描时应做好所用胶片的安全维护,避免损伤胶片。

影像前检:前检人员对扫描完成的图像进行逐一检查,并按文件命名规则对原命名进行更改。当缩微文献为双画幅时,要将扫描后的图像切割成单画幅;当检查过程中发现图像有问题或图像中含图片应重新补扫或按灰度要求补扫。前检质量要求:按文件命名规则准确命名,补扫后的图像应尽可能清晰并正确完成数据的替换,正确、详细填写前检工作单,并将前检工作单及当日检查的影像文献上传。

图像处理:图像处理人员根据该工序具体要求,对扫描图像进行逐一检查,当发现扫描图像上有污迹、图像黑边、图像偏斜问题时,工作人员应利用图像处理软件对图像进行去污、去图像黑边、纠偏、替换处理等。图像处理要求:图像清晰、图像版心外无污迹、偏斜不超过1度。要求在加工过程中,不能造成缺页、错页、错误等现象。

校对:校对人员根据该工序具体要求,对照缩微文献原件对文献的所有图像文件进行逐一检查,其内容主要包括:图像质量、图像的排列次序等,不能有缺页、错页、数据内容缺失及文件格式的错误。校对人员在发现问题时应及时记录,并将记录及有问题的文件提交纠错人员进行更正,然后再校对,直至将完整的文献图像完全达到质量要求,再提交质检人员。正确填写图像处理工作单,并将工作单及当日处理好的影像文件上传。

纠错:纠错人员根据校对人员提交的问题记录对指定文件的错误进行处理,并进行文件替换,将合格文件再次提交校对人员进行校对。

质检:根据该任务书及制作标准对成品数据进行最终的抽检。当抽检合格率低于规定要求,应给予退回处理。

缩微文献影像数据制作的综合错误率不得超过1‰。

(4)文献元数据制作,应根据任务书及制作标准生成相应的可用于检索的数据。

书目数据库:采用 CNMARC 格式,按任务书要求在指定的系统上对文献信息进行著录。书目数据的各项错误率不得超过 1%。

目次数据库:按照任务书的著录规则和格式要求,对文献目次页内容逐一进行录入,生成可供检索的目次数据库。目次数据库要求:标引文件与图像文献对应准确、命名准确、文字处理错误率不得超过 0.3‰。如采用 CNMARC 格式,目次数据加工编号中的记录标识号与 MARC 中的 001 字段相一致。

文献基本信息库:按照任务书的格式要求,将文献的基本信息(可取自书目数据库)与该文献影像数据的唯一标识准确对应而生成文献基本信息库。文献基本信息库要求:命名准确、文字处理错误率不得超过 0.3‰。

其他元数据库依任务书及制作标准另定。

(5)总检:根据任务书及制作标准对成品数据和所用胶片的安全进行最终抽检。当抽检合格率低于规定要求,应给予退回处理。

(6)刻盘人员根据该工序具体要求进行刻盘,刻盘后要求对光盘存储数据逐一进行读取检查。刻盘后的成品数据要求命名准确、无坏死文件、无黑屏,文件不携带病毒。

(7)打号贴标登记装盒:要求工作人员按编号规则正确打印标签并按要求贴到指定的位置。

(8)要求制作完成的数字化成品其书目数据、影像数据、目次数据的链接准确一致。

(9)数字化加工后的缩微胶卷,应确保无损归还。

(10)数字影像成品数据应分类存储和管理,以便于再次利用。其他质量要求见任务书或合同。

5. 网络资源采集

[工作内容]

制订网络资源采选方案,有重点地采集中文网络信息资源。按照采选方案,收集并选择需保存的网络资源进行采集,采集格式符合国际通用标准。制定网络资源编目规范,对所保存资源进行编目。选择适当的方法保存所采集的网络资源。

［质量规范］

(1)所选择资源符合网络资源采选方案。

(2)所采集资源内容正确,完整。

(3)编目结果正确,符合编目规范要求。

(4)对所保存资源采取多副本备份机制,符合长期保存要求。

6. 资源征集

［工作内容］

制订年度数字资源征集方案,采取自主申报和定向征集相结合的方式,面向全国各省级公共图书馆、部分市级图书馆、文化事业单位、商业机构等征集自有版权和可转授权的特色资源。主要征集资源的信息网络传播权,为通过互联网、移动通信网、新媒体等方式的发布服务提供丰富的资源。

［质量规范］

(1)开展数字资源征集申报与资源遴选工作,资源遴选范围包括以下选题:馆藏特色资源、地方志、家谱、老照片、年画、专题视频资源、非物质文化遗产、少数民族资源、少年儿童资源、视频讲座资源等。

(2)开展所征集数字资源的验收整理工作,对征集的数据进行数据查重和质量检验,整理征集数据的元数据、对象数据关系,按资源征集的主题分类汇总;对于只含有长期保存级的数据需要按征集工作要求转成相应的发布服务级数据。

(3)完成征集数字资源版权使用权的验收工作,确保版权的合法来源及授权的真实性和完整性。

(4)进一步完善数字资源征集流程与标准规范建设,并适时开展征集工作技术培训工作。

(5)配合相关部门完成数字资源征集的商务与法务工作;配合完成已验收征集资源的整合与发布工作。

(6)资源建设符合《国家图书馆数字资源征集标准规范》的相关

内容及质量要求。

7. 新媒体资源建设

［工作内容］

依据相应的资源加工标准,承担交互电视(数字电视、IP 电视、互联网电视)、手机、触摸屏等新媒体服务渠道所需资源的规划、建设和验收。

实时跟踪国内外新媒体设备最新进展,定期对软硬件设备进行评估,开展硬件的选定和软件的研发。

［质量规范］

(1)承担新媒体服务的资源建设,编排制作应用于新媒体服务的自有版权资源。根据多屏服务的具体要求,进行自有版权资源的选题、加工、制作和转制。在主题和内容的选择上要具有权威性、知识性、可靠性和准确性。

(2)非自有版权资源,在版权界定清晰,且有关部门取得书面授权协议、数据质量和格式符合发布要求的情况下,可以纳入新媒体渠道的资源发布。

(3)定期做好数据备份和统计工作,并将统计结果上报相关部门。

(4)对视频资源的验收采用 100% 检验,图文信息类资源采用抽检。完成验收数据并及时提交相关部门进行数据长期保存。

(5)根据平台的发展,研发最新技术应用,提供读者顺畅的新媒体阅读体验。

(6)承担新媒体服务宣传与拓展。

8. 专题资源库制作

［工作内容］

进行资源库设计,完成资源库制作,定期对资源库维护更新。

［质量规范］

(1)根据任务书(或合同)要求对资源库的结构、栏目、格式、字体等进行设计,资源库的结构、栏目设计、内容组织要做到科学、合理、可持续发展。

（2）在资源库内容的选择上要做到其具有权威性、可靠性和准确性。

（3）根据任务书（或合同）要求收集素材，对采用的素材进行编辑、编目，格式转换，完成资源库制作后进行数据提交。数据制作综合错误率不得超过1%。

（4）编目数据与内容挂接准确。

（5）资源库数据按要求定期维护和更新。

（6）其他质量要求见任务书（或合同）。

9. 网站制作

［工作内容］

在网络安全与信息化领导小组的指导下开展网页的主体策划；网页设计及制作、国家图书馆网站的及时更新、维护以及网站访问量和流量的统计；对国家图书馆其他 web 服务页面提供技术支持工作。

［质量规范］

（1）在进行主体策划时，应明确网站的目标和用户需求。

（2）总体设计方案主题鲜明，具有延伸性。网页设计及制作采用多媒体制作、平面设计及制作等多种形式。

（3）整体布局应合理，使读者有一个流畅的视觉体验，网页内容便于阅读。

（4）严格执行国家关于信息安全与保密的有关规定和要求，加强对网上信息的保护，防止非法用户对网站的操作和破坏，确保网站安全运行。

（5）只能发布经过相关部门审批的内容。

（6）要考虑适应不同浏览器、不同分辨率的情况。

（7）网站内容要精、专并及时更新。

（8）定期向相关部门上报网站访问量和流量的统计情况。

10. 数字资源验收

［工作内容］

依据相应的数字资源建设标准对全馆自建的数字资源、征集的数字资源以及合作建设的数字资源进行验收。验收内容包括元数据、对象数据、存储介质、说明文档等与资源相关的所有内容。

［质量规范］

（1）根据数字资源建设标准制定合理的资源验收规范，确定验收的内容、抽检比率、错误率要求等。保证制定的验收规范对验收工作的开展起到指导性作用。

（2）管理数字化加工涉及的馆内实体文献，包括文献的检查、记到、上下架、馆内移转以及加工公司的外借与归还等工作。

（3）数字化成品验收数据的内部交接要求登记相应的交接文档。

（4）按数字资源验收规范对数字化成品元数据、对象数据、加工文档、存储介质进行检查，并撰写验收记录。

（5）要求做好抽检数据的统计，包括文件数、条目数、字符数、存储量、错误率等。

（6）对数字化成品介质的可读性、标签、数量、存储方式、文档等进行检验。

11. 数字资源专项任务验收

［工作内容］

依据馆内管理部门下发的数字资源专项任务书，对全馆各个部门负责的数字资源建设专项任务进行验收。检验各项任务在规定的项目周期内完成的数量与质量，并抽检成品数据，撰写验收报告。

［质量规范］

（1）认真解读各专项任务书，了解任务完成的时间、内容，制定验收策略并规划和协调任务建设时间和验收周期。

（2）接收专项任务产生的成品数据，清点数据量、存储介质等，做好与数据提交部门的交接。

(3)对照专项任务书与数据提交单对数据进行完整性检验,包括元数据、对象数据、数据库、说明文件等全部项目相关文档,并撰写验收报告。

(4)对成品数据按要求比较进行抽检,并撰写验收记录。

(5)保证与专项任务承担部门沟通的及时与通畅,及时将检验发现的问题反馈给任务承担部门并接收修改后的数据。

(6)任务验收通过后整理相关的验收文档,撰写验收合格说明。对于验收未通过的专项同样给予说明,给出整改建议。

(7)完成验收合格数据的发布前整理,并及时提交相关部门进行数据发布和长期保存。

第七条 数字资源服务

1. 数字资源的发布与维护

[工作内容]

接收各部门提供的发布数据和相关资料,并对其进行验收和日常管理;发布数据的前处理和数据的转换上传;进行发布系统和数据的日常维护,包括统计和备份。

[质量规范]

(1)在进行数据交接时应严格按照规定办理交接手续。

(2)在进行数据验收及前处理时,发现问题及时沟通。

(3)无特殊原因,收到数据后应及时进行数据发布,原则上1个月内发布完成,不得延误,如果发布量较大,无法在1个月内完成的资源,应提交该资源的发布计划上报相关部门。

(4)发布完成后,及时将发布失败的错误数据反馈给相关部门,待数据改正后重新发布。

(5)定期做好数据备份和统计工作,统计上报工作按照《国家图书馆业务统计规范》执行。统计项目填报齐全,统计数据真实准确,适时进行有关业务统计分析。

(6)做好发布系统的日常维护工作。

2. 技术支持及软件开发

［工作内容］

数字资源的二次开发和利用；数字资源管理各种软件工具的开发；对业务部门建立各类资源库、建设资源应用系统提供技术支持。

［质量规范］

(1)配合数字资源发布做好相应软件的开发工作。

(2)及时为业务部门数字资源建设提供技术支持。

第八条　数字资源管理与维护

1. 资源管理与维护

［工作内容］

(1)馆内数字资源的保存数据、发布数据、相关数据库的接收以及文档的管理；保存完整元数据。补充缺失元数据，包括描述元数据、结构元数据和管理元数据；数据的维护、检查工作和数字资源管理系统的日常维护。

(2)数字资源的库房管理；库房安全保卫、卫生管理工作。

(3)参与制定国家图书馆数字资源验收和库房管理的相关标准规范。

［质量规范］

(1)接收各类数字资源，做好交接记录及时上架。

(2)数字资源及时上架。

(3)根据资源及存储载体不同按要求定期进行数据可读性检查。

(4)定期做好数字资源库房管理系统的维护。

(5)一旦发生数据异常，应及时汇报并做好记录。

(6)确保库房安全。

(7)保证库房清洁，定期对数据存储温湿度环境进行检查并调整，使其符合相关要求。

2. 版权管理

［工作内容］

加强数字资源生命周期中各业务环节的版权管理力度,探索并实践可行的数字资源版权管理模式。

［质量规范］

(1)探索并实践数字版权获取的多种方式与运作模式。

(2)研究并配合相关部门完成国家图书馆版权管理相关规章制度的制定,推进国家图书馆版权管理工作的规范化和制度化进程。

(3)合作策划多种形式的专题活动,宣传国家图书馆的版权政策及版权管理工作。

第九条　数字资源统计

［工作内容］

依据《数字资源统计指南》标准验收所提交的统计数据;更新并定期备份数字资源统计报表;定期向有关部门上报数字资源统计报表;参与数字资源统计的规范工作。

［质量规范］

(1)熟悉并掌握《数字资源统计指南》的内容。

(2)严格按《数字资源统计指南》标准验收所提交的统计数据。

(3)及时、认真地更新和备份"数字资源电子账"。

(4)按要求上报"数字资源电子账"情况。

(5)在统计过程中发现问题应及时与有关部门沟通解决。

(6)统计上报工作按照《国家图书馆业务统计规范》执行,统计项目填报齐全,统计数据真实准确,适时进行有关业务统计分析。

第十条　数字图书馆推广与合作

1. 综合管理

［工作内容］

(1)参与国家数字图书馆业界合作整体规划及实施,负责相关业界合作的日常管理。

（2）推进相关业界合作项目,协调与管理馆内外相关工作。

（3）合作签约、工作会议、业务研讨和馆员培训等活动的总体策划、筹备、部署和实施。

（4）公共图书馆馆情调研、数字图书馆建设现状和需求调研等。

（5）相关管理规章、业务指南和规范的起草和完善。

[质量规范]

（1）熟悉合作项目的工作内容与业务流程、相关的业务规范。

（2）认真、细致开展与业界合作的整体规划与部署。

（3）不断丰富业界合作内容,创新服务方式,积极拓展服务范围与服务深度。

（4）定期向领导汇报协议落实和共建工作进展中的具体情况。

（5）跟踪国内外数字图书馆建设进展,掌握数字图书馆理论发展、新技术应用和标准规范等相关知识。

2. 技术管理

[工作内容]

（1）合作项目在线交流平台搭建和维护管理。

（2）业界培训及研讨会的策划、组织和实施。

（3）合作项目工作各子项目的技术管理。

[质量规范]

（1）跟踪国内外数字图书馆技术的最新进展,掌握数字图书馆理论发展、新技术应用和标准规范等相关知识。

（2）根据业务发展和其他图书馆需求,不断完善服务平台的内容建设与维护。

（3）熟悉合作项目技术指南,协调合作项目中涉及技术方面的各种问题,为各合作项目的顺利开展提供技术支持。

（4）不断摸索新技术及新的媒体手段在业界合作中的应用。

3. 项目管理

［工作内容］

推进合作项目,包括项目进度安排、实施规范和馆内外协调工作。

［质量规范］

(1)熟悉合作项目的工作内容与业务流程、相关的业务规范。

(2)保持与各地方馆及馆内相关部门的沟通与联系,加强业务沟通与合作,督促各业界合作项目的推进,保障项目的顺利开展与完成。

第八章　文献缩微复制工作

第一条　定义

文献缩微复制工作包括文献缩微复制抢救计划制订与协调;缩微文献制作、技术管理及缩微设备维修;缩微设备及材料库房管理等工作。

第二条　文献缩微复制抢救计划制订与协调

[工作内容]

(1)调查并制订文献缩微抢救规划;制订相关专项抢救资金分配方案;制订、下达年度文献缩微拍摄计划,并督促落实。协调拍摄计划,组织拍摄馆核查待拍摄文献数据真实情况;解决计划落实当中出现的各种问题。

(2)组织制定、修订抢救工作中缩微文献著录规则。

(3)开展业务指导与培训;解答相关业务咨询。

(4)完成年度生产任务及计划完成情况的统计及总结报告。

[质量规范]

(1)借助多种途径尽可能深入地了解馆藏文献情况,核查文献数据不确定因素,同时加强对各成员馆馆藏的调查。在调查研究的基础上制订切合实际的文献缩微复制抢救规划。

(2)经常了解和掌握各馆摄制及数转模拍摄工作的进展情况,督促本年度文献抢救拍摄计划的实施。根据出现的问题及时协调拍摄计划。

(3)根据所抢救文献的类型、抢救工作的特点、缩微制品的特性及文献著录规则的规定,适时组织对已有规则进行修订。

(4)认真解答有关业务咨询,业务指导与培训要及时并讲实效,切实能解决工作中出现的问题。

(5)统计工作按照《国家图书馆业务统计规范》执行,统计项目填报齐全,统计数据真实准确,适时进行有关业务统计分析。

第三条　缩微文献制作

1. 文献提取工作

[工作内容]

根据文献抢救拍摄计划,从国家图书馆文献典藏部门提取文献。

[质量规范]

(1)按规定办理文献提取手续。提取文献时需按文献类型分别填写文献提取单,提取单各项目的填写应准确齐全,字迹工整。报刊文献可先填写简明提取单,待验收后再补填写详细清单。

(2)提取单应该在提书前送至文献典藏部门,一般善本图书在1日前,期刊在3日前,报纸在1周前送至。缩微复制人员直接入库提书须经典藏部门同意。

(3)文献提出后必须认真排序、清点验收,与提取单中记录的各项核对无误。

(4)提出文献应及时运送到缩微拍摄部门,须事先安排好车辆。

(5)文献运到后应及时点验并上架,严格遵守国家图书馆文献典藏管理的规定,爱护文献,轻拿轻放,严防遗失、破损。

2. 文献前整理工作

[工作内容]

文献摄制前的整理、拆装、修补、平整、清点登记。

[质量规范]

(1)清点文献的数量,检查质量情况;登记要清楚、准确并填写拍摄清单。

准备拍摄的书刊资料需按卷、册、期、年、月、日、出版号数、页码、副刊版页、存、缺、残、污等内容逐版逐页检查版面。对版面的状况要详加登录,凡残、缺、污渍处都要夹上纸条标记,以便征集补充,插补更换。无法插补更换的,应按拍摄标准要求在清单上进行标注和说明。

如原件页次号码有错,应按正确顺序排序,无法按正确顺序排序的要加标板说明。如有复本,应挑选其中最清晰、完整的一份作为缩微复制原件。

(2)拆整工作要使文献尽量符合拍摄要求,又不允许造成对文献的损坏。

报纸原则上一律拆装。要求锉面揭缝整齐,不伤内容,单版面摄制的要分开,双版面摄制的要连接。原件装订影响拍摄质量的图书文献,应小心拆开,妥善保存。若拆开后不能复原的善本图书,暂缓拍摄。

拆开的文献应按正确次序理顺,并逐页(版)登录在文献整理清单上,文献整理清单要求填写准确齐全,字迹工整。

文献应除尘清屑无杂物;文献破损应修复,裂痕要粘贴平整,茬口准确,粘补材料以透明胶纸为宜,粘补时要尽量避免伤害版面文字。折角、皱褶应用调温电熨斗熨平或用重物压平,熨斗不宜太热,用熨丝绸的温度熨即可,熨之前要喷水润湿,防止焦破。线装古籍严禁使用熨斗熨;原件粘连要分离。原有修补物影响摄制质量时,应在不损坏原件的前提下予以揭裱。

(3)对书刊资料的历史状况,在整理过程中要进一步查证核实。如报纸缺创、复刊日期,可通过出版期数推算,或在创刊、复刊、纪念刊版,及办报人启事中查阅。不可妄加推算;对于非书非刊的零散文献资料,应根据其内容或形式和文献抢救拍摄要求,定题编号,然后拍摄。

3. 文献补缺工作

[工作内容]

根据文献整理清单,整理出补缺清单,通过联合目录和其他途径查找文献收藏单位。与收藏单位联系文献补缺并进行补缺后的文献整理,补缺工作完成后按时归还文献。

［质量规范］

(1)凡借出借入的资料,均应严格执行借还手续,防止错乱。各单位要建立互借卡或履行相关借阅手续,作为借还文献资料的依据。互借卡或借阅手续一式两份,一份交提供单位,一份留底保存。

(2)向各收藏单位发出补缺查询函,确认实际可补缺量后,制订补缺计划。在尽可能补全的前提下统筹安排。补缺清单应准确、齐全、字迹工整,并按收藏单位分列。

(3)馆外补缺工作要谨慎细致,运输过程中严防文献丢失破损;借用外单位的资料,必须有详细的记录,对方不准拆、裁的要标明,经反复核对后签收。补缺文献返回后应及时清点,修整后应准确归档,并在文献整理清单上加注。资料用完以后按记录将其恢复原状并按期归还。

4. 编卷工作

［工作内容］

根据胶卷容量和文献数量按片卷编制原则划分或组合片卷。

［质量规范］

(1)统计文献数量要准确无误,对从馆外补缺来的文献、文献附件、插页,特别是批注签条,要一一核实。要准确计算出拼拍、揭拍数量,并在清单上注明。对因同一画幅反差对比大,需按标准重拍的,要留有余地。

(2)在确定文献摄制排列方式的基础上,片卷的划分或组合应符合缩微中心或馆有关规定,并尽可能保证原文献(年、月、日、卷、期、册)的完整性和系统性。注意充分利用片卷容量。

(3)片卷编制状况应清楚准确地标注在文献整理清单上。

5. 著录标板编辑工作

［工作内容］

对整理完毕准备交付摄制的文献进行著录,编写打印著录标板及正式摄制用标板。

［质量规范］

（1）严格根据文献著录规则的规定及缩微中心制定的著录条例进行著录标板及正式摄制用标板的著录和编号。著录项目应齐全、准确，字迹工整。

（2）一种文献需摄制 2 个或 2 个以上片卷时，附注项后需著录片卷目录。

（3）标板打字、书写应严格依照规定格式。标板格式工整、字迹清晰，自校后错误率应在 1% 以下。

（4）根据文献情况制作或修改缩微品数据。

6. 文献后整理工作

［工作内容］

拍摄前的文献整理质量核查；摄制标注、标板、提示单归位以及与摄制人员交接文献与整理清单等。

［质量规范］

（1）做到文献整理清单与文献状况完全相符。报刊资料的年卷、期号、页（版），善本书的函、册、卷顺序应准确无误。善本书的缺失、签条、编码应一一核实无误。

（2）文献状态应符合摄制的要求，如平整程度和修补工作量超过 1%，应退回原清点人员返工。

（3）著录标板胶片编号应复核无误。

（4）各种片卷范围、接续首尾、原件状况、分隔分段、图示符号的标识或提示等均应制备齐全，夹放位置准确。需书写的内容应工整、规范。

（5）根据文献类型填写摄制清单，做到项目齐全、内容准确、字迹工整。摄制清单随文献资料送交缩微拍摄人员。

（6）文献交付摄制时，文献数量和各种标板标识或标识提示应一一向摄制人员交代清楚。

7. 摄制工作

[工作内容]

将整理后文献摄制成缩微胶片(母片)。

[质量规范]

(1)严格执行国家、国家图书馆和缩微中心制定的摄制标准、规范。摄制后产品质量应符合有关标准的指标。发现文献整理不符合摄制要求应及时纠正或通知整理人员返工,纠正的整理错误应在清单上注明。拍摄胶片优质率不得低于70%。

(2)严格遵守缩微拍摄操作规程。做好设备的日常维护保养,保证设备正常运转。发现运转异常应及时通知维修人员维修。

(3)注意节约胶片,材料损耗率:善本不得超过5%,报纸不得超过3%。

(4)服从质量检查人员的检验,补制产品须在补单下达5日内送检。

(5)爱护文献,按手续取还,做到不遗失、不损坏。

(6)文献摄制完成后,应按原整理(种、版、页)顺序归还文献整理部门。

8. 摄制后文献交接工作

[工作内容]

缩微品经检查合格后,对所拍摄文献进行清理核对、退库以及归还馆外文献。

[质量规范]

(1)文献拍摄后应及时归还。归还前应将从外馆补缺来的文献抽出,核查无误,并按馆分别保管,适时办理归还手续;国家图书馆文献核对无误后,按规定办理归还手续。

(2)文献的整理清单以及著录标板、摄制目录应妥善保存。

(3)摄制后需装盒的文献,应按规定分装。包装盒应结实耐用。标签应书写准确,字迹工整清晰、规范,粘贴平整牢固。

9. 药液配制

［工作内容］

配制胶片冲洗药液。

［质量规范］

（1）配药人员应掌握配药基本知识后方可进行配药工作。

（2）配制药品前应核对药品及药量有无差错。

（3）应选用具有防腐性能的容器配制和储存药品；用于配药的工具及容器在使用前应彻底洗刷干净。

（4）必须按照配方所规定的水质、温度、水量、药品用量及配制顺序操作。

（5）遇药品含水量或药品浓度与配方不一致时，应按规定进行换算；使用冰醋酸时（除特殊要求外），应按比例稀释后配制。

（6）配药时应不间断地、均匀地加以搅拌，徐徐放入药品，待第一种药品充分溶解后方可收入第二种药品。

（7）药品计量后要及时配制，且应一次完成全部配制工作。

（8）放置药液的容器应加盖封闭，置避光阴凉处保存；新配制的药液须静置 24 小时之后方可使用。

（9）称量药品时为保证各类药品的纯度，每称一种药品之前均应先行清洁称盘或容器，药品不得混杂计量。

10. 胶片冲洗工作

［工作内容］

摄制完毕的缩微胶片（母片）及复制后的工作母片、拷贝片的冲洗工作。

［质量规范］

（1）冲洗后产品质量应符合国家、国家图书馆和缩微中心规定的标准。加强和摄制人员的协作，以保证产品质量。冲洗废品率不超过 0.01%。

（2）严格遵守冲洗机操作规程。做好设备的日常维护保养，保证设备正常运转。

做好各项准备工作(检查有无漏水、漏液;供、收片、过片轴转动是否灵活;冲洗药量、药效;喷水管、供、出水阀门、水流量是否正常等)后,冲洗机方可通电预热。

预热期间应调整和确认药温、水温;检查循环泵、输片速度、胶片张力;观察机器各部位运行是否正常,如有异常应及时排除。预热完成,一切符合要求后用标准显影温度、洗片速度冲洗并做记录。

开机后工作人员不得擅自离开冲洗间,应随时观察仪表,注意机器运行。根据冲洗机常见故障,事先做好预防和应急措施。

冲洗结束时应先关加热开关,再关水开关,最后关电源并对药液使用情况进行记录;对冲洗后的胶片要定期进行硫代硫酸盐残留量的测试调校。

(3)母片摄制完毕后 24 小时内,工作母片、拷贝片接片后 20 小时内应冲洗完毕。冲洗后 4 小时内应送检并认真填写工作单(工作传票)。

(4)做好上、下工序之间的协作。

11. 胶片质量检查工作

[工作内容]

对摄制后的母片进行检查,对工作母片、拷贝片按相关标准检查。凡不符合标准和规定的,进行责任分析后,下达补拍单,并进行补拍后处理。

[质量规范]

(1)严格按照国家、国家图书馆和缩微中心有关标准和规定对母片进行检查。拍摄母片必须逐拍检查,鉴定为优质、合格的产品必须符合有关标准和规定。数转模母片着重检查著录信息、密度及外观,鉴定为合格的产品必须符合有关规定和标准。

(2)正确判断产品质量差错的原因,及时通知有关人员补拍。下达补拍单时间不迟于检查后 4 小时。

(3)剪接胶片的质量应符合有关标准和规定。

（4）爱护检查设备，按规定维护保养，发现异常及时送修；爱护所检产品，在执行标准的前提下注意节约。

（5）检查母片时，凡无编码的文献，应和整理人员共同进行读校；如发现胶片著录信息与整理清单不一致，应与整理人员共同确定原因并修改。如需补拍，应及时开具补拍单，并注明问题出处及补拍内容。检查工作母片、拷贝片时要求分卷准确。

（6）填写胶片质量检查单和护带、包装标签，内容要齐全、准确，字迹要工整、清晰。

（7）接收、分送胶片应及时，母片、工作母片、拷贝片在检后1月内送出。严格按规定交接胶片和有关单据；交母片库胶片应随胶片附本批胶片明细表，注明胶片种类、文献名称、卷数、种数、总卷数等，并注明送片日期、送片人及签收人。手续应齐全无差误，交片单据应妥善保存。

（8）做好产品产量、质量及质量责任的登记和统计，统计上报工作按照《国家图书馆业务统计规范》执行。统计项目填报齐全，统计数据真实准确，适时进行有关业务统计分析。

12. 胶片复制（拷贝）工作

［工作内容］

利用母片复制工作母片、利用工作母片复制供阅读或发行的拷贝片。

［质量规范］

（1）产品质量应符合国家、国家图书馆和缩微中心有关标准和规定。

（2）严格按规程操作，注意设备日常维护保养，保证正常运转，发现异常应及时通知维修人员。

（3）拷贝前先根据拷贝清单核对母片、检查母片是否有破损，如有轻微破边、接片错误、接片不牢等现象应修补纠正。遇有母片损坏严重或胶片密度不符合要求无法拷贝时，拷贝人应提出处理意见。

（4）检查母片时，应将该片名称、卷片号、印片光号等记录在专用本上。多卷连接拷贝时,应注意拷贝的顺序并避免母片药膜面接错。

(5)拷贝前备齐常用工具、材料。

(6)开机前,先接通稳压器的电源,待电压达到规定值时,再接通拷贝机电源。

(7)上片前,检查光门是否到位、亮度是否均匀、各传动片轴运转是否正常;核对母片卷号、光号;上片时,要注意防止药膜面放反,上好胶片后要检查胶片是否松弛、入槽、片路是否正确。

(8)当使用不同感光度、轴号、乳剂号的胶片时,必须先做试片;机器大修及更换拷贝机印片灯泡后亦应做试片。

(9)拷贝过程中要随时注意机器运转情况和仪表、印片灯光的变化,遇有异常现象时,应立即停机检查。

(10)复制拷贝不得损伤母片和工作母片。胶片损耗率不超过 10%。

(11)拷贝完的胶片应用黑纸包装,胶片暗盒接口处要用胶布封严。胶片连同工作单 4 小时内送交冲洗。

(12)搞好与冲洗人员的协作,接受质量检查人员的鉴定。接到补单后 2 日内应完成补制(不包括冲洗)。

(13)按手续取还母片。在工作母片检验完毕一周内,必须归回母片。

(14)复制后的胶片交至下一工序时,要有完备的手续。移交单据应有电子与纸质两种文本,须注明所交胶片的类型、名称、数量等相应细节,并有交、接胶片人的签字及日期。交接凭证应长期保存。

第四条　技术管理及缩微设备维修

[工作内容]

缩微复制设备的维修、调试,缩微复制技术的研究与人员培训。

[质量规范]

(1)坚持设备运转的日常巡视,做好设备保养维护的检查、监督的记录。按规定进行较全面的定期保养维护,保证设备经常处于良好状态;对生产各个环节中的技术与质量问题应及时调查研究,提出切实可行的解决方案。

(2)维修人员应经常对设备的使用维护进行指导和督促。如发现有超载现象、保险丝不合规格、电器设备未接地线等不符合操作规程或存在不安全因素时,有权提出限期纠正,以及时排除隐患,确保生产安全。

(3)设备一般性故障应及时排除,零配件损坏应及时更换;维修前,应向操作人员了解设备的使用状况,存在的问题以及产生故障的过程,并查验胶片,据此找出故障产生的位置和拟订检修方案,为完成生产计划提供保证。

(4)维修人员要熟悉和掌握本部门各缩微设备的使用、维修知识,按要求进行维修,设备禁区不得随意乱动。新设备的安装与调试应严格按照产品说明书进行。设备曝光光源的照度,各类测试仪表的测试精度和胶片冲洗后硫代硫酸盐残留量的测试调校等,都应按规定期限进行,并做详细记录和报告。

(5)修复电控部分时,应仔细核对线路图,如电路中元件位置需做改动或使用代用元件时,应在复印的线路上详细标注。维修过程中及维修完毕时,应将维修项目、更换部件、部件名称、数量、更动位置、维修起止日期及操作人员应注意的事项等写出详细记录。

(6)根据生产情况制订零配件配制方案。零配件无备件时,能自行制造的应自行制造。需外加工或采购的应及时办理,保证设备的运转;当维修完毕时,应根据维修前存在的故障,逐项进行修复检验,经操作人员会同有关人员验收后方可使用。

(7)做好技术、商务档案和资料的保管工作,防止混乱和遗失;做好技术培训、质量管理。

(8)及时了解国内外缩微技术的研究动态,结合本部门实际情况进行技术革新和科学研究。

第五条　缩微设备及材料库房管理

[工作内容]

设备零配备件库、感光材料库、纸库、药品库等库房的保管、出纳工作。

[质量规范]

(1)各库物品排放有序,存取方便,库房的架柜及物品应经常擦扫,保持整洁。

(2)坚守岗位,严格按审批手续发放物品,不得挪为私用。发放材料应及时准确,不得影响生产。

(3)物品进出、入销账及时。账目项目填写齐全、清楚、准确,字迹工整。

(4)熟悉物品种类、性能、用途,掌握物品储备动态,合理储备,及时补充。采购周期长的物品应及时通报储备情况。保管好物品说明书及购货档案。

(5)每年盘库两次,并做出盘库报告。

(6)严格按物品性能分库存放,防止相互污染。库内禁止存放其他类物品。

(7)库房不准存放私人物品和食物,不得在库内饮食。随时观测库房温湿度,并及时调整。注意防盗、防火、防水、防虫、防鼠,保证库房财产安全。

第九章 信息化工作

第一条 定义

信息化工作包括应用系统管理、网络管理、设备管理、机房管理、存储系统规划、存储系统管理、数字资源长期保存、非物质 IT 资产管理、移动服务管理及项目管理等。

第二条 应用系统管理

计算机应用系统管理的工作范围涉及国家图书馆所有在用、在建和拟建应用系统,工作内容包括全馆应用系统的建设规划和总体管理,以及(重要)应用系统的运行维护和技术支持,工作层面涵盖应用软件(软件程序)、操作系统、数据库系统、数据、安全、故障排查、系统升级、软件开发和统计等。

1. 管理职责

[工作内容]

承担国家图书馆应用系统的规划、管理、监督和检查,履行应用系统的总体管理、建设规划、技术管理、监督考核、人员管理、协调与沟通等职责。

[质量规范]

(1)全馆应用系统的整体管理,包括建立应用系统的运行维护规程和责任制度,对应用系统进行普查、备案,制定运行管理的技术规范并监督各部门执行。

(2)收集全馆各部门的信息化建设需求,从业务和技术发展的角度,提出国家图书馆信息化系统的总体发展架构、中长期建设规划,以及建设和服务标准等。

（3）全馆拟建业务系统的需求审核、技术评估、系统选型和方案论证，对应用系统的增加、变更和撤销进行审核和批复，协调建设过程中各类技术问题。

（4）对各应用运行质量情况进行监督检查，制定质量指标，并对各级应用系统的维护部门进行定期检查评估。

（5）提供全馆各部门系统管理员的技术培训和考核，定期组织系统管理员进行技术和经验交流，提高系统管理人员的技术水平。

（6）协调全馆应用系统管理和服务，解决出现的各种问题。

（7）对拟建应用系统进行需求审核、深入调研、全面评估，根据中长期的信息化建设方向，确定需求的必要性和可行性。

（8）对拟建应用系统进行技术把关，包括硬件架构、软件功能和性能、网络和存储资源、数据安全性、与现有系统接口等。

2. 应用软件

［工作内容］

承担（重要）应用系统的应用软件、操作系统、数据库系统等的运行维护和技术支持工作，具体包括初始化安装及参数配置、运行参数调整、运行监控、数据备份、技术文档整理、运行测试等。

［质量规范］

（1）初始化工作。软件程序初始化安装后，技术人员应根据业务流程和业务要求，合理调整初始化参数配置；在正式投入使用之前，进行模拟环境下的功能和性能测试，在各项参数指标达到业务要求后，方可确认使用。对已经达到应用软件运行条件的配置环境予以详细的记录，以便在重新安装、故障排查和工作交接时参考使用。

（2）对应用系统的新建、变更等情况进行登记和普查。

（3）访问用户设置。系统用户变更（新建或注销用户、增加或减少权限）须有相关主管部门审批手续，操作人员依照审批意见落实执行。

（4）管理员用户设置。最高级别的管理员用户口令须确保安全，口令在适当范围内发布,但不得仅由单人保管此类用户的口令。

(5)参数变更。运行中的应用软件程序参数变更影响到业务流程、读者服务、统计数据等层面时,须以相关主管部门审批意见为操作依据,操作人员不应擅自变更参数设置。

(6)索引。数据库抽取的索引点须有相关主管部门的审批意见,操作人员不应随意添加或减少要抽取的索引点;索引运行应尽量安排在不影响正常业务工作的时间进行,如果无法规避对正常业务的影响,则需要提前上报并做好通知和解释工作。

(7)操作记录。操作人员对应用软件的调整(初始化、用户设置、参数变更等操作),每次应有备案记录,以便回溯故障问题、重新安装软件程序、工作交接、应急等。

(8)备份。根据应用软件的规模、应用范围、用户数量、数据量以及重要性等因素,确定备份策略,并严格遵照执行。所有备份文件应进行抽查和恢复测试,确保其有效性和可靠性。备份工作应参考本馆应用系统管理和备份管理相关规章制度。

(9)文档管理。原则上,源程序的原始载体(如磁盘、光盘等)应作为"保存本"保留,只使用其备份件。源程序的电子文档或纸质参考文献应妥善保存。

3. 数据管理

[工作内容]

对应用系统产生的数据进行有效性、安全性维护,并根据需要,对数据进行统计和批处理等工作。

[质量规范]

(1)数据批处理前,应首先提取对象数据,然后进行核查,确保处理对象无误。批处理后的数据应是完整、有效、符合要求的数据。

(2)根据数据规模制定相应的备份策略,并严格按照备份策略执行。

(3)重要数据首选执行异地备份。若无条件执行地理上的异地备份,则次选异机备份。若无条件执行异机备份,至少执行本机备份。

（4）数据备份前须确认备份介质的安全性。

（5）备份数据能够根据需要，随时进行恢复并正常使用。

（6）根据备份策略定期随机抽样备份数据，进行恢复试验，记录试验数据，保证备份介质完整有效。该过程操作记录由专人保存，定期检查。

（7）数据备份信息必须保留，包括开始时间、结束时间、备份人员、备份数据数量、备份介质、备份文件名、备份数据保留地点等。

（8）能够根据工作要求，提供相应的数据统计资料。

4. 安全管理

［工作内容］

通过软件自身功能或其他形式，为应用软件提供的安全保障操作。包括对应用软件、操作系统、用户权限、数据库及数据、病毒、运行环境等方面的安全进行管理和设置，保证应用系统整体安全性达到相应的运行要求。

［质量规范］

（1）各项安全措施应以保证正常应用为前提，因安全设置所带来的性能下降、操作不便等影响，应当是用户可以接受的。

（2）各种权限级别高、影响系统较强的用户口令须确保安全，并确保其在适当的范围被使用，且此类口令不得仅由单人保管。

（3）各种临时性用户必须按时进行清理，确保系统用户权限安全性。

（4）各项安全设置须经部门相关技术主管审核后方可执行，必须保留相关的操作记录以便回溯。

（5）各项安全设置，包括参数的、数据的、用户的，必须有备份档案，避免因遗忘导致系统无法管理。

（6）各应用系统必须有病毒防范及黑客防范的具体措施。

（7）制定、修改应用系统应急预案，能够确定事故或故障等级。

（8）按照各应用系统的应急预案执行。各项应急措施应从技术应急、人员应急、设备应急等多方面思考和落实。

(9)重大安全事故或故障须向主管部门提交相关的报告。

5. 故障处理

［工作内容］

处理与应用系统相关的各种故障和问题。

［质量规范］

(1)接到故障报修或发现故障时,应及时进行处理。

(2)正确判断故障引发的原因,属于技术范畴的应彻底根除。属于操作范畴的应建立健全相应的操作规范并贯彻落实。属于工作流程范畴的应以报告形式逐级报告。

(3)各种故障应有详细记录,特别是因故障引发的参数调整、数据变更等。

(4)遇到需要停机检修、检测的故障时,须保证应用系统及数据库系统正常停止,然后开始故障处理。

(5)故障处理结束以后,必须将系统恢复正常。

6. 系统升级

［工作内容］

系统的版本、补丁等的升级工作。包括应用软件、操作系统、数据库、安全防护措施等的升级。

［质量规范］

(1)应用系统升级与否须以文件上报批复的审批意见为依据,未得到批准前,不得随意进行升级操作。

(2)升级工作必须保证整个系统的完整性,包括应用系统的功能、性能、数据库、用户、数据、联通性等。

(3)升级内容、升级时间、升级结果等应详细记载,随时备查。

7. 软件开发

［工作内容］

根据业务工作需求,完成或配合完成软件开发工作,同时进行必要的测试工作。

［质量规范］

(1)编制的应用软件应能满足业务工作需求。

(2)软件验收通过后,各项技术、总结资料要符合档案要求。

(3)软件开发的过程应按照国家标准中的有关规定执行。

8. 统计

［工作内容］

提供与应用系统相关的各项业务工作统计及简单的分析报告。主要提供与用户访问相关的、包括与资源及服务利用率相关的、与工作量相关的各类统计报表、图表及数据。

［质量规范］

(1)应根据实际情况,制定原始信息的保留策略,包括与统计有关的原始资料(电子的和/或纸本的)、保留期限(长期保留或定期保留)及保留空间(含预计增长空间)。

(2)制定对应用系统产生的原始信息进行定期清理的策略,不应该将本应保留的信息作为垃圾清除,以至于无法进行统计分析。

(3)统计工作按照《国家图书馆业务统计规范》执行,统计数据应及时、准确、实事求是,不得人为修改统计数据。适时进行有关业务统计分析。

(4)各项统计工作应按照《国家图书馆业务统计规范》或国际标准、国家标准中有关统计标准执行。

(5)及时提供新增应用系统的统计指标及数据说明。

(6)及时跟踪国内外相关统计标准的变化。

第三条　网络管理

网络(指有线及无线网络,以下简称"网络")硬件设备、网络安全系统、设备参数配置的管理和维护。制订并实施网络安全规划、制度、策略,提供网络管理的技术;实施网络监测管理、流量控制管理;调整和规划网络拓扑结构;预防和解决病毒爆发和黑客攻击;保管网络相关的文档。

1. 网络设备管理与维护

［工作内容］

对全馆网络设备进行管理与维护。维护范围包括交换机/路由器/防火墙硬件、跳线、供电、设备工作状态、送修、清洁及财产清点。

［质量规范］

（1）监控网络硬件设备的工作状态，对非正常状态的设备进行维修或送修，保证网络节点畅通。

（2）根据馆域网运转状况和实际网络访问应用情况，配置和调整网络设备的各项参数。

（3）开通与关断网络节点，配置设备节点的各项参数设置。如VLAN 配置、工作状态、速率等，完成相关的统计工作。

（4）节点通、断状态应依照正式审批文件处理，一般在接到报文后1 个工作日内完成。

（5）经常进行现场巡查，检查设备的供电、工作环境，进行必要的财产清点等。

（6）根据每次全馆例行停电检查的通知，应在恢复供电以后，及时巡查配线间供电情况。

（7）每起设备故障、设备变更、参数调整后，必须保留相应的记录，包括时间、内容、结果、数量。

（8）统计工作按照《国家图书馆业务统计规范》执行。统计项目填报齐全，统计数据真实准确，适时进行有关业务统计分析。

2. 网络运行管理与维护

［工作内容］

对投入运行的网络环境状况进行日常的监管、优化及故障排查等。

［质量规范］

（1）对网络性能进行监测、调试、优化。

（2）及时纠正各种影响网络稳定、安全运行的行为。

（3）监控网络带宽利用情况，根据业务运行实际情况及时对带宽分配进行调整，保障网络流畅运行。

（4）网络发生故障时，及时进行故障诊断和排查。

（5）非馆内原因导致的网络故障，应与网络运营商联络和协调解决，记录故障原因，处理结果。必要时上报故障报告。

（6）适时升级路由器及核心交换机的 IOS 版本。

（7）定期更改核心网络设备登录口令。

（8）对路由器及核心交换机配置进行定期备份。

（9）统计工作按照《国家图书馆业务统计规范》执行，统计项目填报齐全，统计数据真实准确，适时进行有关业务统计分析。

（10）对网络运行故障应有记录，对重大网络故障向主管部门提交书面故障报告。

3. 网络安全管理与维护

［工作内容］

对网络安全进行管理与维护。包括垃圾邮件防护管理、防病毒管理、防范黑客入侵等。

［质量规范］

（1）网络安全包括病毒防范、查杀，预防黑客入侵。并进行网络安全设计和规划实施。

（2）及时查看防病毒服务器的升级情况，保证其病毒库和引擎为最新版本。

（3）在网络设备实施安全策略，对重点服务器的访问进行权限控制。

（4）从网络上监视染毒的计算机对网络造成的侵害。对于传播性强或对网络正常运行影响严重的病毒，可采取关闭节点等方法将染毒计算机从网络中隔离，控制病毒的传播，同时告知使用者本人。

（5）随时跟踪计算机和网络安全的重要事件和信息，并向馆内员工公布。

（6）统计工作按照《国家图书馆业务统计规范》执行,统计项目填报齐全,统计数据真实准确,适时进行有关业务统计分析。

第四条 设备管理

自动化设备(有国家图书馆财产标签)的维护与维修,对自动化设备采购及更新提供技术支持和验收。对自动化设备进行退库、报废的技术鉴定。

1. 服务器管理

[工作内容]

服务器的软硬件环境、操作系统和外围设备的管理与维护,日常监控和定期巡检。重要系统服务器需有原厂的维保,确保出现硬件故障时,能及时得到更换。

[质量规范]

（1）日常监控服务器的运行状况(包括 CPU、内存占用、I/O 情况、网络带宽、磁盘空间大小等),及时发现异常情况并处理。

（2）监督服务器维保公司对服务器进行定期巡检。

（3）服务器各部件应尽量做到冗余。

（4）重要服务器需购买原厂的维保,在维保服务到期前按时续保。

（5）服务器发生故障时,及时响应,按规范进行故障恢复,必要时联系厂家进行处理。

（6）对服务器故障处理做相应的记录,保存好错误日志,以备查找。

（7）重大故障须向主管部门提交相关的报告。

2. 设备维修

[工作内容]

计算机故障维修,包括计算机操作系统、常用办公应用软件、硬件更换、扩容安装等。

[质量规范]

（1）国家图书馆计算机系统热线电话(5211),严格遵守服务热线电话管理制度,排除国家图书馆服务出现故障的联络工作,具有一定的指挥、协调职能,是为国家图书馆服务的一个重要窗口。为此,负责热线电话的工作人员,必须忠于职守,热情服务,灵活处置;具备一定IT故障排除能力。

(2)认真、热情、耐心地接听热线电话,对报修故障属于本合作范围的问题,必须事事登记,电话指导无法完成问题,立即告知驻场人员处置。不属于合作范围的故障必须登记,要耐心解释,立即告知国家图书馆相关系统管理人员,并上报责任人处理,如果相关系统管理人员不在,则立即告知相关责任人。

(3)热线工作人员必须掌握熟悉驻场服务人员的联系方式,以便及时联系。联系必须落实到人,并记录姓名、时间。

(4)告知电话发出后,热线人员了解掌握所采取的措施,并做记录,对尚未行动的有权督促落实,跟踪了解督促落实,立即向领导或责任人汇报,每件事项处理后要做销项处理;如有故障不在合作范围的,则立即告知责任人。

(5)下班前,对未办结的事项要交接清楚。

(6)所有维修资料应存留,《设备维修单记录单》的各项内容填写应完整、规范,年度立卷归档。

(7)按时提交月报、季报、半年报、年度报表等或其他文件。

(8)配合国有资产管理处进行设备预安装。

(9)统计上报工作按照《国家图书馆业务统计规范》执行,统计项目填报齐全,统计数据真实准确,适时进行有关业务统计分析。

3. 设备鉴定

［工作内容］

按照国有资产管理处指定的设备类型,对相应的自动化设备电脑及周边附属产品进行退库、报废的检验。

［质量规范］

(1)严格按照《国家图书馆自动化设备管理办法》执行。

(2)每台设备必须对照实物进行检验,按照财产账目清单一一对照检查。对实物与账目清单不符的情况,必须注明。

(3)退库、报废清单内容填写应如实、完整、不遗漏、字迹工整可辨。

(4)每台退库设备加电运行,保证退库设备完整性。

4. 技术支持

[工作内容]

对自动化设备采购及更新提供技术支持和验收。

[质量规范]

(1)跟踪自动化设备新技术和新产品。

(2)对拟采购的自动化设备提供技术方案。

(3)对更新的自动化设备进行全面调研,并提供技术方案。

(4)面向全馆工作人员提供自动化设备咨询。

第五条 机房管理

计算机机房内动力供电的安全运行和维护;低压配电、UPS 电源的安装验收、安全运行和维护;安全接地的安装和检测;机房温湿度的检测。机房内传输设备、网络设备、服务器、存储系统等计算机设备的安装验收和运行维护。机房内网络布线、电力布线的规划、安装和安全运行管理。

1. 机房服务设备管理与维护

[工作内容]

对 UPS、环境监控设备、安全监控设备等机房内机房设备的管理和维护。

[质量规范]

(1)每日查看设备运转状态。

(2)及时调整设备运行参数。

(3)及时报告异常情况和解决情况,做好故障及处理记录。包括故障时间、故障点及故障解决办法。

(4)及时提供规划和实施机房环境、安全等监控方案。

(5)对内对外提供机房技术支持记录。

2. 机房服务器管理与维护

[工作内容]

对机房服务器硬件系统的日常巡检与维护。

[质量规范]

(1)每日查看硬件设备运转状态。主要查看硬件设备的指示灯工作状态。

(2)及时报告异常情况,做好故障记录。包括故障时间、故障点及故障解决办法。

(3)按照各硬件设备厂家所提供的参数标准执行。

3. 机房环境管理

[工作内容]

机房的环境监控及安全供电,保障计算机机房平稳运行。

[质量规范]

(1)机房出入应有时间、人员等信息的登记制度和自动记录,并保留1年。

(2)机房设备出入应以部门领导的批示为准,任何人不得擅自移动机房设备。

(3)监视主要开关柜的状态以及监视供电的电压、电流、频率、功率等。在出现停止和恢复供电前,及时通知各服务器的系统管理员以及各相关网络的管理员。

(4)监视 UPS 电源的工作状态及各种参数,如 UPS 的输入、输出电压、电流、频率、负载、逆变器状态、电池状态、旁路状态、报警等。

(5)监测空调机的工作状态,及时发现空调系统的故障并联系相关负责部门排除,保持机房温湿度的稳定。

(6)定时测量机房的温湿度。

(7)对温感、烟感,以及其他报警器进行监视,及时发现报警信号。

（8）对机房漏水情况实时监测、报警等。

（9）对机房防盗设备和图像监视系统进行管理。

（10）配合中控室检查消防、空调、防灾工作。

4. 机房安全管理

［工作内容］

机房设备、服务器及人员出入的安全检查、审批和登记。

［质量规范］

（1）随时保持机房大门关闭状态。

（2）依据《国家图书馆机房及其设备间管理暂行办法》严格审批设备和人员进出机房。

（3）每日对机房进行安全巡检并进行记录。

第六条　存储系统规划

［工作内容］

对存储系统进行规划、设计，完成对存储系统的选型、测试、实施和验收等工作。

［质量规范］

（1）根据资源的级别、类型完成对数据资源的调度设计和管理。

（2）对存储系统迁移机制进行规划和设计。

（3）对业务部门存储、备份系统的建设和运行管理提供技术支持。

（4）对存储系统和存储网络系统进行规划、设计、策略制定。

（5）制定相关存储管理制度完善相关文档。

（6）每年制订存储系统的分配方案，经报审通过后执行。

第七条　存储系统管理

［工作内容］

存储系统的日常运行管理，保证系统安全稳定地运行。根据存储系统实际情况完成性能调整和优化工作，保证系统的高效、稳定运行。

存储系统的运行管理和建设。制定相关存储管理制度,收集、整理、加工、保管、归档、完善相关文档。

[质量规范]

(1)监控SAN交换机、磁盘阵列、磁带库和各存储服务器的硬件状态,核查故障指示灯、状态指示灯、电源、风扇等。

(2)监控SAN交换机、磁盘阵列、磁带库和存储服务器的日志以及系统运行状态。检查磁盘使用情况、内存、CPU等系统性能、相关参数和使用情况。检查是否有外来的恶意攻击和非正常的登录。查看相关进程是否正常运行,及时跟踪了解系统的运行情况,确保系统的正常运行。

(3)定期对SAN系统的相关阵列、带库、交换机等的配置信息和相关软件的配置库信息进行备份,并且填写操作记录,通知所有存储系统维护人员。

(4)故障处理:存储系统管理员必须及时记录现场硬件状况,保存日志信息;上报部组领导,报告故障严重性和故障处理意见;通知相关应用系统负责人,说明对应用系统的影响。及时排除故障,保障存储网络系统的稳定运行。实施排除故障必须并填写工作记录。故障的排除必须有2名以上存储系统管理员在场。

注:SAN为存储区域网络(Storage Area Network,简称SAN)

第八条 数字资源长期保存

[工作内容]

数字资源的接收管理、账目管理、使用管理、检查与恢复、更新与迁移、保存管理等。

[质量规范]

(1)接收成品数据,交接工作按照规定办理交接手续。

(2)数据验收及前处理,对不符合验收标准的数据返回上道工序。

(3)依据资源保存级别,将数据保存到相应的存储介质。在保存数据之前,按照清单信息对元数据和对象数据进行检查核对,确保接收资源的完整和安全。在资源完成保存之后,要进行检查核对,确保完成保存数据的完整、安全。在保存和检查过程中,如果发现数据实际情况与清单信息和说明文件不一致,需要记录清楚,反馈给提交部门。

(4)数字资源在保存后,对保存的数字资源要按照不同内容、格式和保存级别,分别建立电子账目和纸质账目并进行有效管理,包括各种格式文件个数、图书册数、册数编号范围、归档目录容量等信息。

(5)定期检查数字资源的质量,对不能识读的资源进行登记,安排进行复本复制。

(6)管理各种技术资料,做好日常工作的记录,并完成文件的归档工作。

第九条　非物质 IT 资产管理

1. 域名管理

[工作内容]

域名注册、查询、申请、报备、续费、故障处理等工作。

[质量规范]

(1)按照注册周期,按期完成域名缴费工作。

(2)根据域名申请的实际情况,提供域名注册、抢注、预留等审核意见。

(3)域名申请的相关手续应齐全、完整,按时归档。

(4)域名报备工作应按照工业和信息化部颁布的相关法律法规执行,按照要求及时完成报备手续,文档保留完整。

(5)提供域名统计数据。

(6)统计上报工作按照《国家图书馆业务统计规范》执行,统计项目填报齐全,统计数据真实准确,适时进行有关业务统计分析。

2. IP 地址管理与维护

[工作内容]

对虚拟 IP 地址、实 IP 地址进行规划、调整、回收等。

［质量规范］

（1）严格执行《国家图书馆非物质 IT 资产管理办法》中的有关规定。

（2）IP 地址的分配应与网络管理整体方案相结合、配套。

（3）对 IP 地址的操作应保留工作记录，包括 IP 地址使用的部门、使用者、节点号等内容。

（4）各项实际应用与 IP 地址发生联系或冲突时，能够提供相应的解决方案。

（5）通过各种技术手段检查 IP 地址的不良使用行为。

（6）按时上报 IP 地址统计数据，误差率不超过 1%。

第十条　移动服务管理

［工作内容］

移动服务的日常管理，包括系统运维管理、移动互联通道管理。

［质量规范］

（1）移动服务系统日常管理严格遵守本馆应用系统管理相关规定。

（2）对各项移动服务定期监控，保障服务稳定运行，如出现问题，能够及时上报并提出相应解决方案。

（3）对移动互联通道进行日常巡检。

（4）为其他部门针对移动服务中出现的问题提供相关技术支持。

（5）接收移动服务使用的数据时，应严格按照规定办理交接手续。

（6）移动服务资源采选应遵循根据《国家图书馆文献采选条例》。

（7）移动服务资源加工须按照本馆相关数字资源加工规范进行。

（8）移动服务资源发布（无特殊情况）应在 1 个月内完成发布内容，如无法完成，须及时上报有关部门。

（9）移动服务资源发布之前，必须经过测试机进行发布预览，能够保证发布资源准确合法时，再向读者提供服务。

（10）对移动服务项目进行合理规划，保证项目有序进行，按时向部门提交验收申请。

(11)根据移动技术发展趋势和图书馆事业发展,对移动服务进行规划与建设。

第十一条　信息化项目管理

1. 项目实施

［工作内容］

国家图书馆立项的信息化项目实施过程中技术管理,包括审核技术文档,监督管理项目实施过程,配合项目承办部门进行风险控制,为项目承办部门提供信息化技术支持及保障等。

［质量规范］

(1)项目承办部门做好项目进度管理,定期向项目管理部门汇报项目进度。

(2)项目管理部门配合项目承办部门做好项目建设管理工作,项目管理部门负责需求分析阶段、设计开发阶段、测试阶段、安装及维护阶段的技术支持工作。

(3)需求分析阶段:项目承办部门按计划完成需求分析后,需提交软件需求报审表(附软件需求规格说明书)给项目管理部门,项目管理部门召集内部讨论,会签业务管理部门、国有资产管理部门、项目申请部处意见,通过项目管理部门在软件需求报审表上签字确认。

(4)设计开发阶段:项目管理部门须加强项目进度管理,严格按照审定的功能需求进行设计开发。

(5)测试阶段:项目承建部处进行内部功能测试并编制功能测试报告。项目管理部门对测试报告进行筛查,如测试报告不符合要求,可要求项目修改调整后重新提交。项目管理部门可根据项目功能和性能要求,组织第三方测试机构进行测试并出具测试报告。一般成品软件不进行性能测试。

(6)运维:项目管理部门协调落实项目运维人员,运维人员需与承建单位一起制定运维管理制度或方案。

（7）部署实施：项目管理部门组织协调项目承办部门完成项目部署实施工作。

2. 技术验收工作

[工作内容]

配合完成由馆方出资购买的硬件和软件（成品软件或开发软件）等自动化设备的技术验收工作。并根据馆方验收规定和要求，出具技术层面的验收测试报告，或者审核相关验收文档。

[质量规范]

（1）确认项目验收阶段。由项目承办部门根据合同进度以及相关的合同验收条款约定，确认验收时间。原则上，测试通过的项目，由项目申请部处在测试结束一个月内提交验收申请及验收材料。因故不能按期完成需要延期的项目，项目申请部处应将变更原因上报业务管理部门和项目管理部门。

（2）准备验收文档。

项目承办部门提交的验收材料包括：项目承办部门文档（所有文件均需加盖部门公章）、专项申请报文及审批表（两份文件分开）、专项招标文件、专项合同及审批表（两份文件分开）、专项项目需求书、变更情况说明、使用报告（包括具体功能模块测试结论，如果专项由多部门联合承担，则应收集所有相关部门的使用报告并进行汇总）。

项目开发方提供材料包括：验收申请、项目实施总体进度计划、项目组人员组成及简历、软件开发计划、软件配置管理计划、软件质量保证计划、软件需求规格说明书、数据库设计说明书、软件概要设计说明书、详细设计说明书、系统测试报告、系统安装部署手册、系统用户手册、项目技术文档及用户文档（若项目实施过程中涉及系统安装、分区划分等技术文档，需由乙方准备提交）、源代码及源代码交付说明（依据合同中要求，若要求承建单位提供源代码，则需附在光盘中提交，若合同中未要求，则不需提交，并附上产品安装盘）、运维管理制度或方案、培训计划及培训文档等、成品软件或定制开发软件安装光盘。

（3）审验。项目管理部门收到验收申请及材料后，组织业务管理部门及国有资产管理部门相关人员成立验收小组对验收材料进行审核。对验收资料审验不合格的项目,承办部门应及时按照要求进行相应的补充、修改以及完善。对项目存在重大质疑时,由项目管理部门另行报请处理。

(4)验收:由项目管理部门汇总相关方意见组织召开验收评审会。验收小组评审出具验收报告并由相关方签字确认。

(5)付款:通过验收的项目按照合同付款规定,由项目承办部门协调合同管理部门与财务管理部门办理付款手续。

(6)尾款结项:验收通过的项目自评审会起一个月后,由项目承建部部门收集试运行报告及培训安排提交项目管理部门,如无特殊情况,终验由承办部门酌情处理,无须再进行验收。由项目承办部门协调合同管理部门与财务管理部门办理尾款以及结项。

3. 项目归档及资产管理

[工作内容]

配合完成已验收项目的归档工作、负责相关软件的统一使用管理。

[质量规范]

(1)验收完成后两个月内,项目承办部门将验收材料及验收报告纸质版及相应电子版文件依据《国家图书馆档案管理办法》进行档案归档。

(2)项目管理部门配合国有资产管理部门,对已经验收项目的资产进行统一使用管理;项目管理部门协助资产管理部门向使用部门完成资产移交工作,各使用部门到信息技术部领用。

第十章　文献保护与修复工作

第一条　定义

文献的保存与保护是国家图书馆的主要职能之一，是文献研究和文献利用的物质基础与保证。文献保护根据文献制成材料的物理、化学性质及其损毁规律，研究并实施保护文献的技术和方法。维护馆藏文献的完整与安全，最大限度地延长具有重要保存价值文献的保存和使用寿命，是文献保护工作的根本目的。文献的修复则是以传统装裱技术对损毁严重的文献进行修整的工作，是文献保护的重要手段之一。文献保护与修复工作贯彻保护为主、防治结合、合理利用、加强管理的基本原则。

第二条　文献保护

文献保护工作依据文献保护学的基本理论，根据馆藏文献的类型、载体形式和损毁规律，实施不同文献的保存、保护方法与技术，主要内容包括文献保护咨询、文献保护技术研究试验、文献保护标准研究、库房温湿度监测、库房有害气体监测、有害生物防治与研究、文献的消毒与杀虫、实验室仪器设备维护与管理等。

1. 文献保护咨询

［工作内容］

文献保护的技术性咨询工作。咨询范围：国内、外和馆内、外的各种咨询。承接咨询内容包括古籍文献、民国时期文献等纸质文献的保护；缩微文献、音像磁带、数字光盘等非纸质文献的保护；有害生物防治，保存环境控制和技术等。咨询形式为电话咨询、信函咨询、电子邮件咨询、接待来访、现场指导等。

〔质量要求〕

（1）系统掌握文献保护的基本理论,国内外相关的标准。

（2）全面掌握国内外文献保护技术的发展情况。

（3）全面了解国家图书馆各类文献的保存状况。

（4）全面了解不同类型、不同载体形式文献的特点和保存、保护要求。

（5）解答咨询要做到科学、准确、及时;对外咨询服务热情。

2. 文献保护技术研究实验

〔工作内容〕

文献保护实验室的研究实验,内容包括进行相关技术资料的搜集和整理;制订年度实验计划;制订实验方案,准备实验仪器、设备和材料;进行实验工作;撰写实验报告、研究报告、总结报告等。

〔质量要求〕

（1）及时了解和掌握国内外文献保护工作和技术的发展状况。

（2）实验计划符合全馆文献保护发展的需要。

（3）实验方案科学,实验的准备工作要周全、细致。

（4）实验报告规范。

3. 文献保护标准研究

〔工作内容〕

进行文献保护信息搜集、整理和分析,国内外相关标准、规范的搜集和研究;制定我国文献保护技术的国家标准和行业标准。

〔质量要求〕

（1）相关信息的收集要全面、整理资料要及时,每月进行文献资料的分类汇总,分类规范准确。

（2）按专题进行分析与研究,每季度提交、撰写研究报告。

（3）标准的立项、报批程序符合国家标准管理的相关规定。

（4）标准的制定科学,符合我国的实际情况并与国际接轨。

(5)按计划组织标准的起草、修改和审定,进行标准的报批工作。

4. 库房温湿度监测

［工作内容］

监测全馆重点库房温湿度。包括监测仪器的校对、校准;库房温湿度的检测;监测记录的统计、分析与研究;撰写相关分析报告等。

［质量要求］

(1)温湿度的监测做到定时、定点和连续监测。

(2)按照相关技术标准进行仪器校对、校准,误差小于3%。

(3)监测数据记录完整。

(4)每月及年度按时提交监测分析报告。

5. 库房有害气体监测

［工作内容］

监测重点库房有害气体,包括监测仪器的校对、校准;库房有害气体的检测;库房环境的分析与研究;库房环境控制技术研究;撰写年中和年度分析报告。

［质量要求］

(1)库房有害气体的检测做到定点、定时。

(2)按照相关技术标准进行仪器校对、校准,误差小于5%。

(3)监测数据记录完整、准确。

(4)年中及年底按时提交监测分析报告。

6. 有害生物防治与研究

［工作内容］

进行文献有害生物的防治技术的研究工作,包括常见文献害虫种类、习性与防治方法研究;霉菌危害与防治研究;实验虫种的饲养与繁育;实验菌种的繁育与分离等。

［质量要求］

(1)跟踪国内外生物技术的发展。

(2)严格遵守实验室操作规则,绝对保证实验虫种、菌种不发生扩散和污染。

(3)虫、霉害情的防治措施科学可靠,符合国家图书馆的实际工作情况。

(4)新的技术方法在实施之前先制定安全操作规程。

(5)虫、霉防治及时、高效。

7. 文献的消毒与杀虫

[工作内容]

文献的消毒和冷冻杀虫,包括:新采古籍特藏文献入库前的冷冻杀虫;出馆展出古籍特藏文献的消毒处理;受疫情污染文献的消毒处理;消毒、杀虫设备的运行维护与管理。

[质量要求]

(1)严格按照操作规程进行各类文献的消毒和杀虫工作,保证消毒和杀虫工作的安全和质量,杀虫率达到100%。

(2)严格履行藏品交接手续,详细记录处理文献的数量、种类及时间。

(3)善本特藏文献需进行防潮包装后再做冷冻处理。

(4)按规定每天进行杀虫设备的安全巡查,记录冷库运行情况。

(5)按规定办理文献的交接、登记手续。

8. 实验室仪器设备维护与管理

[工作内容]

维护文献保护相关物理、化学、生物实验室仪器,实验药品管理,精密仪器的使用。

[质量要求]

(1)熟悉掌握各种仪器设备的结构、原理和使用要求。

(2)定期进行仪器设备的维护,保证仪器完好率在95%以上。

(3)记录仪器的使用、维护情况。

(4)实验药品的使用要按规定登记使用人员、时间和数量情况。

(5)精密仪器的使用要按实验室的管理规定进行。

第三条　古籍特藏修复工作

主要包括古籍修复及特藏装裱工作,这是图书馆保护古籍特藏的传统方法和主要手段。要根据古籍载体材料的物理、化学性质及其损毁规律,研究并实施修复古籍的技术工作。在修复过程中保证馆藏古籍特藏的绝对安全,最大限度地延长古籍特藏的使用寿命,是古籍修复工作的根本目的。

1. 文献交接

［工作内容］

古籍特藏文献的出库、归库及文献修复组内的交接。

［质量要求］

(1)出库、归库:认真清点待修古籍特藏文献种类、册件及书叶数量;部内典藏阅览组与文献修复组交接时清点无误后在双方各自的文献出入库登记簿上签名及登记出库日期,此外,还应有电子文本档案记录;修复后的古籍特藏文献核对无误后及时归库。

(2)组内交接:文献修复组长将待修古籍特藏文献交与修复责任者签收,修复完毕,修复责任者交给组长签收。

2. 设计修复方案

［工作内容］

依据“整旧如旧”和“最少干预”的原则设计修复方案。

［质量要求］

(1)对待修古籍特藏文献的破损情况做具体分析,区别不同情况,制订最适合的修复方法。

(2)修复方案要简明扼要、切实可行。

(3)修复方案要全面记录文献破损原因、破损位置、破损程度、装帧形式等各方面的特点。

3. 古籍修复

［工作内容］

修复人员按照修复方案对待修复的古籍特藏文献开展实际修复。

［质量要求］

（1）在修复过程中要确保藏品绝对安全。

（2）依据《古籍修复技术规范与质量要求》的有关规定进行修复。

（3）根据书叶纸张的质地、颜色、薄厚选择补书用纸，糨糊适量，书叶修补后平整。

（4）书芯整齐，包角严实，书皮将书芯盖严。

（5）书平、书口正直、栏线或下脚齐，书眼成直线。

4. 特藏装裱

［工作内容］

修复并镶衬、装裱金石拓片、舆图等特藏文献。

［质量要求］

（1）经过修复以后，金石拓片、舆图等藏品整体平整没有皱折、四边呈直角；补纸与画芯的纸纹、薄厚、颜色相近；托纸粘贴牢固，不伤字、不跑墨。

（2）镶料托纸粘贴牢固，颜色和谐，薄厚与画芯基本一致；各部分镶料面积、比例适当，镶缝、折缝均匀。

（3）裱件整体平整、柔软、边缘整齐；天地杆粗细适中、平正、包裹严紧；藏品没有绷、撕裂；褙纸粘贴牢固。

（4）依据《古籍修复技术规范与质量要求》的有关规定。

5. 质量检验

［工作内容］

对古籍和特藏的修复质量进行检验并评定质量等级。

［质量要求］

（1）按照书衣、书芯、书叶的顺序全面检查修复质量。

（2）质量等级按照优秀、良好、合格、不合格四个等级评定。评定要客观、公正。

6. 建立修复档案

［工作内容］

登记藏品修复前后状况和修复方案、拍摄修复前后相关照片、分析记录包括纤维等在内的纸张相关情况、录入数据等。

［质量要求］

（1）档案的登记：按照修复档案设置的内容，将文献题名、编号、规格、破损位置、破损原因、破损程度、书叶、书皮等情况逐一登记，档案中未列明事宜在"备注"栏中注明。档案记录要求准确、详细。

（2）影像资料的采制：修复前须拍摄文献破损部位的图片。根据实际需要，适当拍摄修复中、修复后及纸张纤维图片。摄制的照片存储时要适当备份。

（3）影像数据的录入：将修复前后及纸张纤维照片适当缩小后输入修复档案。

（4）档案数据质量的检查：修复档案登记完毕以后，要逐项检查档案中各项数据，确保准确无误。

第十一章　其他工作

第一条　ISSN 中国国家中心工作

国内(不含台港澳地区)ISSN 的分配及其识别题名的确定,数据制作与维护,数据罗马化转换与维护及其送交 ISSN 国际中心,以及按年度缴纳国际组织会费,提交 ISSN 中国国家中心年度工作报告,翻译 ISSN 手册及相关资料,参加相关国际组织会议,解答国内外有关业务咨询等工作。

1. ISSN 的分配与识别题名的确定

[工作内容]

对所接收的 ISSN 申请资料进行逐一审核,相关数据查重按照相关规定对符合申请条件的连续出版物进行 ISSN 的分配与识别题名的确定,以及解答国内外的各种业务咨询工作。

[质量规范]

(1)ISSN 中心的工作按照国务院公布的《出版管理条例》《音像制品管理条例》,以及我国新闻出版总署或科技部的有关批文,并参考《ISSN 手册》的有关规定执行。

(2)对每日接收的信函按申请 ISSN 的信件、领取 ISSN 证书的信件、定期缴送的样刊、其他信件(包括国内外各种咨询信件等)四种进行分类处理。

(3)审核申请资料。逐一审查所收到的 ISSN 申请资料是否齐备,"ISSN 申请表"填写是否清楚、完整,是否提交国家新闻出版署或国家科技部批文、期刊出版许可证和期刊登记表复印件。对申请资料不齐备的,应尽快通知申请者按要求补齐。对不符合申请条件的要注明原因,并尽快通知申请者。

(4)对审核符合申请条件的进行题名查重,并按规定分配 ISSN,确定识别题名。

(5)对已分配 ISSN 与确定识别题名的申请,打印"ISSN 预先申请通知单",并加盖公章,一并以挂号信的方式寄给申请者,或发给来访者。要求打印的"ISSN 预先申请通知单"上的题名、ISSN 等信息准确无误。

(6)按"ISSN 申请表"中填写的预定出版时间,对办理了预先申请手续的,过期没寄样品的出版单位进行催缴,索取样品。在样品催缴过程中,应对催缴单位、催缴日期以及催缴答复进行记录。

(7)将收到的印有 ISSN 号的样品与原 ISSN 申请资料进行核对。主要核对连续出版物的题名、ISSN、主办单位等印刷情况。符合要求的打印 ISSN 证书,加盖公章后寄发;不符合要求的,通知其出版者进行改正,待改正后再寄发 ISSN 证书。要求打印 ISSN 证书准确无误,尤其证书上的题名、ISSN 号、出版频率、主办单位、出版单位等项不得有误。

(8)将已发 ISSN 证书的申请资料及样品转交数据制作人员进行数据制作。按连续出版物预定的出版日期对已办理证书的连续出版物进行逐期样品催缴,尤其是连续出版物发生变化前的最后一期和发生变化后的最早一期,并将寄送的每期样品随时送交数据维护人员进行数据维护。对题名发生变化的连续出版物,应督促其重新申请 ISSN。

(9)解答国内外的各种业务咨询,要求认真、准确、迅速。国内信件 1 周内答复,国外信件 10 个工作日内答复。

(10)要求遵守国家图书馆印章管理及使用规定;及时准确完成分配 ISSN 与识别题名的确定工作,要求 ISSN 分配不得有误,其他错误率不得超过 0.2%。

2. 数据制作与维护

［工作内容］

对已通过申请并获得 ISSN 的连续出版物,依据《中国文献编目规则》进行 CNMARC 格式的数据制作与维护。包括不同语种(如中文、英文、少数民族语文等),不同载体(如纸质、光盘、网络等),不同类型(如期刊、年鉴等)的连续出版物的数据制作与维护。

［质量规范］

(1)接到样品后,应先进行查重,确保数据的唯一。

(2)查重后,对第一次申请 ISSN 的连续出版物,应严格按照有关连续出版物的编目规则与格式进行编制,不得遗漏著录项目。数据要求不仅著录所分配的中图分类号,还应著录所分配的杜威分类号。著录、标引、数据格式依据《中国文献编目规则》《国际标准书目著录(连续性资源)》《ISSN 手册(编目部分)》《新版中国机读目录格式使用手册》《中国图书馆分类法》《杜威十进分类法》的有关规定。

(3)对更名的连续出版物,待其重新申请 ISSN 后,再按照编目规则重新编制新的书目数据,同时,还应对更名前的数据进行维护,并用连接字段将两条书目数据进行连接。

(4)对数据库中已有的数据,当文献未发生更名情况的时候,应根据其出版过程中信息的变化情况,如出版地、出版者、主办单位以及出版频率等,及时对其书目数据进行维护与更新,保证数据库的适时更新。若未逐期收到样品,应到相关科组提取样品进行数据更新。

(5)对制作的数据应进行 3 次审校,保证数据错误率不超 2%(按条目)。

(6)定期备份数据,保证数据的安全。

3. 数据罗马化转换、维护及其送交 ISSN 国际中心

［工作内容］

将 CNMARC 格式数据转换或著录成 MARC21 格式数据;将简体

中文等非罗马文字转换成罗马文字;将最后校对、修改完的数据转换成数据交换格式(ISO 2709 格式)送发国际中心。

[质量规范]

(1)对已制作的 CNMARC 格式数据按《ISSN 手册(编目部分)》的格式,以及 ISSN 国际中心的要求转换成 MARC21 格式数据,无法一一对应的字段,应按要求进行著录,不得遗漏著录项目。

(2)将已转换成 MARC21 格式数据中的简体中文等非罗马文字,依据相关标准,按要求转换成罗马文字(即汉语拼音),并按要求进行切词、切音、大小写等项的修改。

(3)转换后的数据应与国际中心的数据进行题名查重与识别题名的最终确定,以保证识别题名的唯一性。

(4)对转换的数据应进行 3 次审校,保证数据错误率不超过 2%。

(5)将最终完成转换的数据,输出成国际数据交换格式(即 ISO 2709 格式)每月送交一次 ISSN 国际中心,不得积压。

(6)以上工作依据《国际标准书目著录(连续性资源)》《ISSN 手册(编目部分)》《国家和中心代码表》(ISSN 国际中心编)、《语言代码表》(ISSN 国际中心编)、《连续出版物题名缩略词一览表》(ISSN 国际中心编)的规定执行。

(7)对已更新维护的 CNMARC 格式数据,应相应更新维护其 MARC21 格式数据,并及时将维护变化后的数据重新送交 ISSN 国际中心。

(8)定期备份数据,保证数据的安全。

4. ISSN 国际中心的相关工作

[工作内容]

按年度缴纳国际组织会费,翻译 ISSN 手册与 ISSN 国际中心发布的有关资料及其分类存档的管理,参加或举办相关国际组织的会议,以及与 ISSN 国际中心的业务联系等。

[质量规范]

(1)工作依据为《ISSN 手册》。

（2）按要求缴纳 ISSN 国际组织会费，并办理相关手续。要求手续完备，账目准确。

（3）及时翻译 ISSN 国际中心发布的有关手册与资料，译文内容表达准确，文字通畅。

（4）保持与 ISSN 国际中心的联系，了解有关 ISSN 最新动态，经馆领导批准后参加相关国际组织的有关会议。

第二条　联合编目中心业务规范

图书馆联合编目中心工作包括分中心、成员馆和数据用户的管理和咨询服务，接收上传数据，上传数据的校对和存储，征集馆藏书目建立联合目录，质量监控员的管理和培养，提供数据下载服务和个性化数据处理服务，联合编目相关业务培训，以及计算机系统与数据库的更新与维护等。

1. 联合编目中心管理工作

［工作内容］

制订发展规划，制定联合编目工作规范等。

［质量规范］

（1）在全国范围内组织、协调和管理各级各类成员图书馆联机联合编目工作，制订的规划要合理，达到降低编目成本、避免书目数据资源的重复建设，促进图书馆编目工作的标准化和规范化。

（2）注重联合编目工作的组织建设，确保联合编目工作在统一组织、领导和协调下稳步发展。

（3）加强联合编目工作的基础业务建设，做好各类数据库的开发、维护和服务工作。

（4）积极宣传联合编目工作，树立国家图书馆联合编目中心的良好形象。注重市场开发，积极发展成员馆。

（5）有关数据制作细则的制定要严格遵循相关的国际标准、国家标准和国家图书馆的有关编目细则。

2. 接收上传数据

［工作内容］

接收成员馆上传的中文图书数据,对数据进行机读格式、分类标引和主题标引校对、相关技术分析,并向上传馆提供数据质量分析报告;解答相关业务咨询和进行业务辅导;对数据进行转入中心数据库前的技术处理。

［质量规范］

(1)数据校对依据《中国文献编目规则》《新版中国机读目录格式使用手册》《中国图书馆分类法》《中国分类主题词表》《汉语主题词表》的规定。

(2)对上传数据格式、文字、符号的准确性和一致性进行校对,校对后错误率不超过2%。

(3)严格按照《中国图书馆分类法》与《汉语主题词表》,对上传数据分类标引与主题标引进行认真校对,校对后错误率不超过2%。

(4)上传数据转入中心数据库前的技术处理应及时,要求数据转入中心数据库前的技术处理当日完成。

(5)每季度向数据上传单位提供数据质量分析报告。

(6)对待用户热情、耐心、细致。

(7)要求上传数据10天内完成所有处理工作。

3. 用户管理与服务

［工作内容］

(1)应答联合编目中心用户的业务咨询、发展用户、用户管理等服务工作;组织用户的业务培训;各类会议的筹备与组织。

(2)各类数据产品的销售、市场拓展、市场宣传;用户零散数据的检索服务;完成有关业务工作统计。

［质量规范］

(1)在用户业务咨询服务中,要求对待用户满腔热忱、服务周到、耐心细致。

（2）在用户业务培训组织工作中，要求了解用户需求，用户培训准确到位。

（3）在产品销售与市场拓展中，要求准确捕捉市场信息，充分了解用户的不同需求，积极开发市场。

（4）在零散数据的检索服务时，原则上要求数据检索当天完成并返回。

（5）各类相关业务工作如数据上传、下载的年度及每月统计，要求数字准确无误，按时上报。

4. 计算机系统与数据库维护

［工作内容］

（1）联合编目软件、用户管理信息系统、联合编目中心网站的维护，以及有关信息的发布与更新。

（2）对中心各类数据库进行日常维护与更新。对书目数据进行相关技术处理及数据发送。制作以光盘等为介质的书目数据产品。

［质量规范］

（1）建立健全计算机系统软硬件和信息网络系统的相关数据资料储备工作。

（2）对联合编目软件进行日常维护，确保系统的正常运行。要求及时排除计算机系统出现的故障，不得拖延。如系统出现故障或异常，应及时排除或恢复并做记录。

（3）为用户提供相关的计算机及网络方面的技术服务。

（4）定期对计算机系统进行计算机病毒及有害数据进行检查，一旦发现立即清除。

（5）网站信息的更新应及时。

（6）数据库日常维护与更新。每日进行数据备份、数据库备份及系统备份。

（7）按照数据用户的不同需求，制作并及时发送数据（定期或不定期），确保质量。制作以光盘、软盘等为介质的书目数据产品时，要求数据定期制作与发送按有关规定执行，保证产品质量。

（8）遵守知识产权保护条例的规定,对于受到知识产权保护的相关数据及数据库,不得擅自拷贝、转借或出售。

（9）统计工作按照《国家图书馆业务统计规范》执行,统计项目填报齐全,统计数据真实准确,适时进行有关业务统计分析。